元華文創
頂尖文庫 EA028

臺灣原住民重點國民中學
補救教學理念與實證分析

蔡金田
蔡政忠　著

自　序

　　臺灣地區原住民族群多但人口比例較少，大約占總人口數的 2.3%，原住民沒有文字、文化背景特殊、社經地位較低、生活環境資源貧乏，加上少數族群受到主流文化霸權的壓迫下，在教育上通常呈現有「三低」，低家庭經濟、低學業成就、低民族自信心。原住民區教師是影響原住民區學生學習成效及民族自信心的重要關鍵，究竟原住民區教師需要具備什麼樣的專業素養才能改善原住民的教育現況？補救教學是提升學習落後及挫敗學生的良方，也是近年政府投入大量資源的重大政策，在學習成效普遍低落的原住民地區其補救教學成效究竟為何？教師的專業素養與補救教學成效有何關聯？能否藉由原住民區教師的專業素養程度來預測其補救教學成效？

　　作者本身在原住民區學校服務七年，並且擔任補救教學訪視委員六年，深知原住民區教師素養與補救教學政策影響原住民區學生學習甚鉅，本書彙整原住民教育現況問題，聚焦建構原住民區教師專業素養指標，並透過實證研究調查原住民區教師專業素養與補救教學現況，希冀對原住民區教師專業成長與補救教學成效有所助益。

　　本書共分為三個部分，第一部分為「理論脈絡」，計 2 章，包括背景脈絡與理論研究。內容主要藉由國內外相關文獻的整理歸納，探究教師專業素養意涵，再從原住民區文化特色、需求以及所需具備的能力中，歸納出原住民區教師專業素養之內涵，進而初步建構出原住民區教師專業素養指標，並針對補救教學政策現況做一整理探討。第二部分為「實證分析」，計 2 章，包括實證研究設計與實施、實證研究分析結果與討論。主要內容係依據教師專業素養內涵，如何透補救教學理念進而影響補救教學成效，透過問卷向原住民區教師與學生施測，藉以瞭解當前原住民區教師專業素養、補救教學理念與補救教學成效之現況。第三部分為「發展趨勢」，共 2 章，包括第五章原住民區教師專

業素養與補救教學成效實證分析研究結果,與第六章有關原住民區教師專業素養、補救教學成效之現況檢討與發展改進途徑之建議。

　　本書撰寫過程中,承蒙諸多師長的指導與斧正,對作者助益甚多;元華文創股份有限公司蔡佩玲總經理的鼎力支持,才能使本書順利出版,謹致上最誠摯的敬意與謝意。雖然本書撰寫過程力求嚴謹,但疏漏之處在所難免,尚祈各方先進指正是幸。

蔡金田　蔡政忠　謹識

2019 年 2 月 28 日

目　錄

表目次

圖目次

理論脈絡

第一章 背景脈絡

　　本研究旨在探討原住民重點國民中學教師專業素養、補救教學理念與補救教學成效之關係，本章共分為五節，依序為第一節研究背景、第二節研究動機、第三節研究目的與問題、第四節重要名詞釋義、及第五節研究範圍與限制。

第一節 研究背景

　　本節主要說明研究背景，共分為四個單元分別為，原住民是弱勢族群其教育有其特殊性、補救教學是國家重大教育政策、十二年國教施行後學習型態改變以及落實社會公平與正義等四個部分。

壹、原住民是弱勢族群其教育有其特殊性

　　台灣地區原住民族群多但人口比例較少，大約占總人口數的 2.3%，原住民沒有文字、文化背景特殊、社經地位較低、生活環境資源貧乏，以及過去政府的忽略原住民本身需求等因素的影響，導致原住民社會逐漸解體，文化頻臨消失，加上教育程度比一般社會水準低，使原住民始終處於社會的邊緣與底層，難以向上流動(顏國樑，2003)。少數族群受到主流文化霸權的壓迫下，在教育上通常呈現有「三低」，低家庭經濟、低學業成就、低民族自信心，因此，原住民區的教育問題有別於一般地區。依據《原住民教育法》第 4 條：「原住民族教育包含一般教育以及民族教育，一般教育是指依原住民學生教育需要，對原住民學生所實施的一般性質教育。民族教育是指依原住民族文化特性，對原住民族學生所實施的傳統民族文化教育。」另《原住民教育法》第 2 條：「原住民為原住民族教育之主體，政府應本於多元、平等、自主、尊重之精神，推展原住民族教育。原住民族教育應以維護民族尊嚴、延續民族命脈、增進民族福祉、促進族群共榮為目的。」原住民教育法之教育目標不在只是消極的推動弱勢族群的補償教育，而應重視多元文化的積極推展，協助原住民學生認同自己的文

化、肯定自我、激勵其向上發展的意願，提供原住民學生發展的機會、開展其潛能、以改善其生活、美化其心靈、充實其生命，以成為社會人才，進而貢獻所學回饋社會。

　　教師職業是一種專門性職業，教師必須具備多方面素質才能勝任教師工作，根據《原住民教育法》第 24 條：「原住民族教育師資應修習原住民族文化或多元文化教育課程，以增進教學專業能力。」而「原住民族教育師資修習原住民文化及多元文化教育課程實施辦法」第 3 條規定：「原住民族教育師資應修習原住民族文化及多元文化課程各 18 小時或 1 學分，前項課程包括實體課程及線上課程。」由於原住民文化的特性及受到社會大環境的影響，原住民教育問題的解決比一般際遇問題更為複雜，需要多方面的努力與配合，才能竟其功(顏國樑，2003)。綜上所述，原住民區教育不管是教育的內容、教育的精神與教育目的以及原住民區師資的要求都有其特殊性，有別於一般地區。

貳、補救教學是國家教育重大政策

　　學校教育的成功非來自少數學生學習成就的成功，而在促成所有學生的成功，而所有學生的成功才能促成學校整體教育的成功(蔡金田，2012)。補救教學是幫助弱勢低成就學生的一項重要途徑，教育部為彌平學生學習落差、重視教育之公平與正義，解決弱勢學生的學習低成就，於 2006 年開辦「攜手計畫---課後扶助方案」投入資源關懷弱勢低成就學生之學習問題，另針對原住民及離島地區學校所有國中小學生開辦「教育優先區計畫—學習輔導」對原班級學生進行免費之補救教學，以彌補弱勢地區學生學習低成就。教育部 2013 年起整合「教育優先區計畫－學習輔導」及「攜手計畫－課後扶助」為「教育部國民及學前教育署補助辦理國民小學及國民中學補救教學作業要點」，除了照顧弱勢之個人或地區，也要關注所有不具弱勢身分之國中小學習低成就學生，以提升所有孩子基本學力為目標。教育部更於 2013 年投入 9.2 億經費於攜手計畫，2014 年則增加到 12 億元經費，預估有逾 20 萬名學習落後學生參與(國語日報，2012)，可見補救教學是十二年國民基本教育之重大配套方案，是政府相當重要的教育政策之一。

　　廣義而言，補救教學是學習輔導的一環，是學生發生學習困難時，應獲得的一種診斷式教學(唐淑華，2011)。每個學生在每個年級均有應達到的基本能力，而補救教學是在對程度落後或學習低成就的學生實施個別化、適性化的教學以確保其應具備有

基本學力。根據《教育基本法》第 2 條：「為實現教育目的，國家、教育機構、教師、父母均應負協助之責任。」因此補救教學實施方案需同時關注到國家、教育機構、教師、家庭及社會資源等面向，惟有眾人齊心協力，把每一個孩子帶上來，一起為學生之學習盡心力，才能有效確保國民中小學每一位學生具備有基本之學力。因此，補救教學政策是實踐「帶好每一位學生」教育改革的重要措施。

叁、十二年國教施行後學習型態改變

教育思潮的改變，從師生互動關係分析，教師角色從絕對權威到專業權威；從單向灌輸到雙向互動；從教書匠到教育專業；從師道尊嚴到恕道謙虛；從專斷對立到尊重接納(林進材，1998)。傳統以老師講述為主的教學方已不符合時代需求，改以學生為學習主體的學習方式，教師必須改變教學策略協助學生，使學習產生有意義的改變，讓學生獲得最大的成長。103 年推動十二年國教後，高中／高職的升學方式將以免試入學為主，教育會考分數不再是入學的唯一依據，同一個學校甚至同一個班級內的學生，其差異情形將變得更為明顯。因此如何考量學習者的不同需求，彈性調整課程與教學活動以確保教育的品質，當是十二年國教能否成功的最大關鍵。

在少子化的時代來臨，把每一位學生都帶上來是教育改革的重要目標，因此，十二年國民教育必須符合普遍性與公平性，當學生走進學校，編入班級時，教師就應該注意無論何種編班方式，都可能有其功效上的侷限，因此，應盡力使每個學生都能得到最好的照顧。使學生因為經驗與基本能力不足所造成的學習挫折減到最少。

目前教育中心的主題已由傳統「學會知識」轉移到「學會學習」，學校教育的主要任務已從傳授知識轉為培養學生不斷學習的能力，發現問題和解決問題的能力上。教育的最終目的是幫助個人學習，因此學校設立的用意就是在創造一個能夠正面影響學生學習經驗的場所，而老師的功能則在運用各種積極有效的作為來影響學生的學習經驗(唐淑華，2013)，因此，教師素質的革新與提升被視為學校教育成功的關鍵(黃嘉莉，2011)。

肆、落實社會公平正義

《教育基本法》第 4 條：「人民無分性別、年齡、能力、地域、族群、宗教信仰、政治理念、社經地位及其他條件，接受教育之機會一律平等。對於原住民、身心障礙者及其他弱勢族群之教育，應考慮其自主性及特殊性，依法令予以特別保障，並扶助

其發展」，由此可見，政府對弱勢族群及原住民學生對教育機會均等及公平與正義的教育理念之重視。

　　社會變遷快速，單親隔代教養、外配、原住民等弱勢族群人口日漸增多，但是在教育機會的取得上，弱勢學生卻陷入邊緣化危機。弱勢少數族群的學業成就低落的原因有三，分別是社經地位低下、文化差異、以及語言差異(陳淑麗、曾世杰、洪儷瑜，2001)。原住民學生早期低學習成就，在強勢族群的眼中認為是原住民天生就有的學習障礙，但孩子的低學習成就並不是孩子的錯，而是學校體系應負的責任(Educate America Act：Goal 2000)；教師在適當的條件下增強其專業發展及素養有助於教學成效提升(Smith & Gillespie，2003)。

　　弱勢團體、特殊教育以及原住民教育是政府「教育機會均等」政策所著重的對象，透過積極性的差別待遇，避免其在教育發展上處於弱勢，進而影響其社會成就與階級流動。2004 年至 2008 年政府施政四大主軸之一為「強化社會關懷」，內容為扶助經濟弱勢、輔助學習弱勢、縮短區域弱勢及強化責任教育，而 2009 至 2013 年教育施政藍圖中將「公義關懷」（強化弱勢扶助、縮短城鄉差距、均衡資源分配等）列入教育計畫。而這些理念與補救教學方案之基本精神是一致的，都是希望透過外在資源的補償實現「教育機會均等」以及「社會正義原則」的精神。

第二節　研究動機

　　本節主要說明研究動機，共分為教師專業素養影響學生學習成就甚鉅、補救教學是改善學生學業成就之重要政策、補救教學理念是補救教學成功與否之關鍵、針對原住民重點國民中學補救教學成效之研究闕如、理論與實務的結合有助於政策之推動等五個部分。

壹、教師專業素養影響學生學習成就甚鉅

　　許多的研究發現影響學生學業成就與學校因素相關中最重要的就是教師素質，它比降低班級學生人數、經費補助等更直接影響學生學業成就 (Darling, 2000; Congressional Research Service, 2008; Georges, 2003)。而提升學生學業成就最有效的方法就是提升教師的素質(Dale ,2010)。教師對學生學習結果的影響相當大，教師影響學

生的學業成就，間接影響學生的價值觀與人格，所以教師素質、教師態度和教學投入影響教育機會均等(周新富，2013)，而林生傳（2000）研究發現學生年齡越小、屬於中等程度的學生以及少數民族之學生其學業成就所受到教師的期望效應越大。原住民區學校一般都地處偏遠，交通及生活不便利，教師分發或甄試進來之教師，其志願序通常都是在後面幾個志願，教師通常沒有深耕的打算，只要規定服務的年限一到就提出介聘，因此原住民區學校一向有教師流動率高的特性，再加上學校規模小人力吃緊及路途遙遠、交通不便限制，原住民區學校教師要進修或參加研習不容易，因此原住民區學校教師素質呈現不穩定狀況(蔡政忠，2014)。

　　學校的教科書大都以主流文化或中產階級編制，對原住民學童而言這些教材與其背景知識脫節造成學習不利，亦即原住民學童缺乏學習的先備知識而導致學習挫敗(孫大川，1993)。部分教師對原住民文化缺乏基本認識且流動率頻繁，影響教學成效(吳天泰，1995)。Ladson-Billings（1994）研究認為對身處低社經地位的原住民而言，影響學生的關鍵因素在於「教師」，因其擁有極大的權力去決定與詮釋正式課程的內容。教育改革的理想要透過教師的實踐，方能在教育現場有效轉化(李俊湖，2007)，可見教師是影響學生學習的關鍵因素之一。

　　Gay(2000)指出少數族群低學業成就的問題，源自教學過程中所隱藏的學生文化差異對學習造成的結果，因為學校教育未能適切的反應學生生活的經驗，也未能以學生母文化作為教學橋樑，造成學生的適應與學習的困難。同時語言差異會影響閱讀處理的訊息，當母語與主流語言不同時，進行閱讀訊息轉換時會產生干擾而影響閱讀，進而降低學習成效(LeMoine,2001)。原住民地區學生居住地區較為偏遠交通不便、文化刺激不足、學習環境不佳，再加上主流文化的歧視與衝突，造成原住民學童學習成效普遍不佳。

　　教師缺乏多元文化素養是實踐多元文化教育最大的瓶頸(王雅玄，2007)。大多數偏遠地區的教師都來自中產階級對中產階級文化認同較強，致使他們較少反思「社會均等」的意義，因而未能扮演轉化社會的知識份子角色，他們們雖能分析社區貧窮文他特質，但不相信教育工作，他們不相信教育可以改善社區貧窮文化，激發身處貧窮文化學生的學習潛能，因此，在教學上經常是照本宣科(簡良平，2010)。以上這些都是與教師的專業素養息息相關，同時教師的教學行為會受到其教學信念的影響(Stuart & Thurlow, 2000）。原住民學生遭受文化剝奪以及家庭功能失調導致學習成就低落，

一個具有良好專業素養之教師可以協助弱勢學生脫離學習弱勢，進而找到自己的優勢，開展自己的潛能。因此，探究原住民重點國民中學教師的專業素養狀況乃本研究動機之一。

貳、補救教學是改善低成就學生的重要政策

特殊教育及多元文化教育的對象，都可能因其文化特性、貧窮、語言、身心障礙而受到主流社會的差別待遇，導致學習成效不佳(譚光鼎、鄭文鵬，2007)。補救教學是結合教與學、評量與回饋、補教教學的歷程，學生可以根據自己的個別差異，順序先後有效學習所要學習的材料或內容，讓大多數學生的學習都達到單元基本能力的標準。原住民區學校不管是「教育優先區計畫—學習輔導」或是現在推行的「國小國中補救教學實施方案」都是補救教學重點區域，但國內多數的研究顯示原住民區補救教學成效不佳(侯乃菁，2015；王潔真，2008；陳淑麗，2007)。

在原住民地區任教老師，普遍表示原住民學生的學習障礙及文化不利等問題，深深影響學生的學習結果，也讓教師對於教學效果與教學過程倍感挫折(教育部 2010)。唐淑華(2013)針對補救學成效的研究指出根據教育部調查資料顯示，辦理攜手計畫—課後輔導的國民中小學有近九成，其中有 70%學生學習態度改變、85%以上學生能在老師的指導下完成作業、60%以上學生學科成績進步，表面上看起來成效頗佳。但深入分析卻發現欠缺客觀的證據，以往攜手計畫的成效大都以老師的「觀察心得」為主，不夠客觀，而以校內段考成績作為學科成績進步衡量標準，未顧及每次段考題目不同、難易度有別等因素。以嚴謹的研究角度來看，根本無法證明學生能力真的提升了(江昭青，2009)。而陳淑麗(2008)的研究中指出雖然弱勢學生獲得很多「攜手計畫—課後扶助方案」的許多資源，但弱勢學生的表現仍然落後。從上述的研究發現補救教學之成效未如預期。但是補救教學是改善及預防少數族群學生學業低成就的重要政策，也是弱勢學生脫離惡性循環枷鎖的主要跳板。究竟原住民重點國民中學之補救教學成效為何?乃本研究動機之二。

叁、補救教學理念是補救教學成功與否之關鍵

Stanovich(1986)指出，早期有閱讀困難的學童，他們的閱讀困難會隨者年齡增加，與一般學童的差距越來越大(the Matthew effect)，也就是強者愈強，弱者愈弱的現象，如何避免馬太效應，及早針對原住民區學童補救教學介入因應，不僅能降低介入成

本，而且可避免因為長期的學習挫折所帶來的學習無助。但陳昭帆（2001）研究指出由於原住民父母工作流動性大、經濟收入不穩定，原住民學生在教育上受到極大的影響，不但造成了許多原住民中輟生，更使得原住民下一代的教育無法提升。吳明隆、林慶信（2004）指出原 住民學生對於學業成就，比漢族學生 更會歸因於外在不可控制的幸運因素、以及內在能力不足因素。原住民學生在性格方面具較高求樂衝動性，比起漢族學生也顯得不夠積極。李麗君(2012)針對教師對弱勢學生的學習成就歸因發現，弱勢學生學習成效提升的關鍵不在於是否有提供資源，更重要的應在於所提供的補救教學內涵及教學方式是否符合學生的需求。而洪儷瑜(2001)也指出教師補救教學觀念偏差，教學不明確影響弱勢地區學童補救教學成效，而徐燕玲(2010)也認為教師教學不當是影響學生低成就的主要原因。可見教師的補救教學理念在補救教學成效上扮演關鍵重要的角色。

　　教師的教學行為會受到其教學信念的影響，因此，教師如何看待補救教學政策，以及當教師對於補救教學理念有不同認知時，是否會產生不同的補救教學成效值得進行探究。任何一項教育措施如果教師無法配合或理念不正確，則其實施的成效將會大打折扣，補救教學是近年來國家的重大教育政策，因此教育部也規定所有國中小老師必須參加補救教學八小時的研習課程，以期建立教師正確的補救教學理念與作法，而改變一般傳統的「多補有差」的補救教學理念，進而提升補救教學成效。而原住民重點國民中學教師的補救教學理念究竟為何?以及對補救教學成效之影響又如何?乃本研究動機之三。

肆、針對原住民區補救教學成效之研究闕如

　　學校師長在原住民學生心中佔有舉足輕重的地位，透過教師對原住民學生的鼓勵及期許，可提昇追求高學業成就的動機(高馨寧、林啟超，2016)。原住民區教育有其獨特性，在部落中教學的教師，必須具備足以回應學生生活經驗及文化的知識、技能及態度方能提升教學成效(鍾佩娟等，2008)。從人的社會性來看，人無法脫離他人而產生自己的知覺，對他人的知覺可凸顯自己的存在感。這在學校中更有教育意義，學生是否能肯定自我價值，常常受到重要他人肯定與否而影響深遠，尤其是師生之間（王雅玄，2007）。補救教學受輔之學生大都屬於弱勢族群，教師是否淪為社會階級再製的推手，端靠教師的專業素養，原住民區學校補救教學成效不佳，提升教師專業素養

有其重要性。國內探討教師專業素養的論文很多，但並沒有針對原住民區教師，根據前述的探討，原住民區的教育不同於其他地區，其學業成就低落、家庭功能失調更需要有優良素質教師投入，特別是在投入補救教學成效上。

而國內探討補救教學的研究很多，大致可以分為兩種類型一為「教學實驗設計」來探討補救教學實施後的成效，另一類為「補救教學實施現況評估」，但與原住民相關的補救教學成效評估僅有三篇，都是針對國小學生、單一縣市(或學校)，並沒有針對國中補救教學部分評估，國中階段學習科目加多、學習內容加深，其學習落差遠比國小嚴重，補救教學需求更甚於國小，而原住民區學校又是補教學重點學校，但卻沒有針對國中原住民學生補救教學之研究，因此，探討全國原住民重點國民中學教師專業素養、補救教學理念與補救教學成效之關係，乃本研究動機之四。

伍、理論與實務的結合有助於政策之推動

補救教學是實踐「帶好每一位學生」教育改革理念的重要措施，特別是在少子化的潮流中，每一個孩子都是寶。研究者本身在原住民區學校服務七年，且擔任臺中市補救教學訪視委員多年，深知補救教學對原住民區學生的重要性，特別如果原住民學生碰到所謂的好老師，則對於其本身的學習與民族自信心會有很大的提升，因此，本研究希望探討原住民區教師的專業素養及其與補救教學成效之關係。原住民重點國民中學教師的專業素養情況為何?原住民重點國民中學教師其補救教學理念為何?其與補救教學成效之關係究竟又如何?教師的專業素與補救教學理念，能否預測其補救教學成效乃是本研究所欲探討的。

第三節 研究目的與待答問題

本研究旨在探討原住民重點國民中學教師專業素養、補救教學理念與補救教學成效之關係，了解原住民區重點國民中學教師專業素養、補救教學理念與補救教學成效現況，並分析教師專業素養各層面、補救教學理念各層面與補救教學成效之關係，以提升原住民重點國民中學教師專業素養與補救教學之成效，茲將研究目的與待答問題說明如下。

壹、研究目的

本研究依據上述研究背景與動機，歸納出研究目的如下：

一、　了解原住民重點國民中學教師專業素養實際狀況。

二、　了解原住民重點國民中學教師補救教學理念現況。

三、　了解原住民重點國民中學教師知覺補救教學成效現況。

四、　探究不同背景變項之原住民重點國民中學教師專業素養、補救教學理念與補救教學成效之差異情形。

五、　探究原住民重點國民中學教師專業素養、補救教學理念與補救教學成效之關係。

六、　探究原住民重點國民中學教師專業素養、補救教學理念對教補救教學成效之影響效果。

七、　了解原住民重點國民中學學生知覺接受補救教學之現況。

八、　根據研究內容與結果對教育行政與學校單位提出建議參考。

貳、待答問題

本研究依據前述之研究目的，提出以下研究待答問題

一、　原住民區重點國民中學教師專業素養程度為何？

二、　原住民區重點國民中學教師補救教學理念為何？

三、　原住民區重點國民中學教師知覺補救教學成效為何？

四、　原住民重點國民中學學生接受補救教學之現況為何？

五、　不同背景變項之原住民區重點國民中學教師其專業素養程度是否有差異？

六、　不同背景變項之原住民重點國民中學教師其補救教學理念是否有差異？

七、　不同背景變項之原住民重點國民中學教師知覺補救教學成效是否有差異？

八、　不同背景變項之原住民重點國民中學學生接受補教教學情況是否有差異？

九、　原住民重點國民中學教師專業素養、補救教學理念與補救教學的實施成效之關係為何？

十、　原住民重點國民中學教師之專業素養、補救教學理念對補救教學成效之影響效果為何？

第四節　重要名詞釋義

為使研究主題易於了解，本節針對原住民重點國民中學、教師專業素養、補救教學理念、與補救教學成效做概念界定與說明，茲將本研究所探討的研究之名詞解釋說明如下：

壹、原住民重點國民中學

原住民重點國民中學，依據《原住民教育法施行細則》第三條之規定：「原住民學生達一定人數或比例之中小學，在原住民族地區，指該校原住民學生人數達學生總數三分之一以上者；在非原住民族地區，指該校原住民學生人數達一百人以上或達學生總數三分之一以上，經各該主管教育行政機關視實際需要擇一認定者」。目前全臺灣原住民重點國民中學(含高中附屬國中部)根據教育部 103 學年度之統計共計 61 所學校(如附錄一)。本研究原住民重點國民中學是指上述 61 所學校。

貳、教師專業素養

教師專業素養乃教師於從事教學專業工作時為了達成教育的目標，符合社會對教師角色的期望，所展現出來的教育專業知識、專業能力、專業態度與人格特質與多元文化素養。本研究原住民重點國民中學教師專業素養係指服務於原住民重點國民中學之教師，為了達成一般教育及民族教育的目標，其所展現出來的關懷弱勢族群，尊重文化差異，以社會正義的觀點覺察社會文化結構不公平並從事文化回應教學，提升弱勢族群的學業成就之能力與特質。本研究教師專業素養包括「專業知識」、「專業能力」、「專業態度」與「人格特質」、「多元文化素養」等五個分量表及總量表上得分的高低，得分越高代表其專業素養越佳，得分越低則其專業素養越低。

叁、補救教學理念

乃指教師在既有的知識理念架構下對學校補救教學措施現況的知覺感受，包含對學校情境的感受，對學校行政支援的感受，以及對課程與教學之感受等。本研究教師補救教學理念包含「學校情境」、「行政支援」、與「課程教學」等三個分量表及總量表上得分的高低，得分越高代表其補救教學理念越佳，得分越低則其補救教學理念越低。

肆、補救教學成效

補救教學成效乃指經實施補救教學後，補救教學教師知覺學生的學業成就提升、學生的學習態度改變或教師間的互動以及教師對補救教學成效的滿意度。本研究的補救教學成效包含對目前補救教學實施情況的滿意度、補救教學教師間互動滿意度、補救教學實施後學生進步情形教師之滿意度、以及教師對於補救教學後學生改變學習態度與生活常規改善的滿意度，補救教學成效的高低乃指教師在這五題得分之高低，得分越高高代表補救教學成效越好，得分低則表示補教教學成效不佳。

第五節 研究範圍與限制

本研究旨在探討原住民重點國民中學教師的專業素養、補救教學理念與補救教學成效之關係，茲將研究範圍與限制說明如下：

壹、研究範圍

本研究範圍分為研究地區、研究對象和研究內容三部分說明之。

一、 研究地區

本研究以全國原住民重點國民中學為研究地區，包括原住民重點高中附設國中部(3 校) ，計有新北市、宜蘭縣、桃園縣、新竹縣、苗栗縣、臺中市、南投縣、嘉義縣、高雄市、屏東縣、臺東縣、花蓮縣等共 12 縣市總計 61 所原住民重點國民中學。其中以花蓮縣(16 校)、臺東縣(17 校)其原住民重點國民中學的比率最高，佔全體校數之 54%。

二、 研究對象

本研究係以任教原住民重點國民中學之教師，包括原住民重點高中附設國中部之教師為研究對象，母群體共計有 61 校共有教師 1,361 人，學生人數共 14,076 人(103 學年度教育部統計資料)。

三、 研究內容

本研究探討原住民重點國民中學教師專業素養、補救教學理念與補救教學成效，以性別、籍別、年齡、任教年資、教育程度、學校所在的位置、學校的規模為背景變項。以教師專業素養之專業知識、專業能力、專業態度、人格特質與多元文化素

養之五個構面;以及補救教學理念之學校情境、行政支援、課程教學、等三個構面以及補救教學成效進行分析研究,並探討原住民重點國民中學教師專業素養、補救教學理念與補救教學成效之關係。

貳、研究限制

一、研究內容之限制

　　教師專業素養之探討範圍甚廣,有限於研究層面其餘無法一一加以探討,本研究所探討的原住民重點國民中學教師專業素養僅限於教師的專業知識、專業能力、專業態度、人格特質與多元文化素養等五個子構面,並以補救教學理念之學校情境、行政支援與課程教學等三個子構面探討其與補救教學成效之關係,但因教師的專業素養與補救教學理念牽涉到社會對教師教學之期待,可能會影響教師答題的意向;而對於補救教學成效的部份是以教師對學校目前的實施現況、教師間的互動以及對學生學習成效、態度改變以及生活常規改善等之自陳滿意度,教師是否受到本身或外界因素而影響作答的準確度,另願意接受調查之教師,是否因其對教師專業素與補教教學理念之認同較高而影響研究結果。為克服上述研究限制,研究者於施測時附上說明,對個人問卷資料匿名及保密,同時不做個人或個別學校分析,以減少教師對問卷填答之疑慮。

二、研究樣本之限制

　　原住民重點國民中學都為補救教學重點區域,但原住民重點學校為原住民學生比例超過 1/3 或原住民學生人數超過 100 人以上之學校,其中後者可能出現在都會型的大型學校但原住民學生比率偏低的狀況,進而影響教師所面對的學生可能是一般的學生而產生誤差。為克服上述情形擬於寄發問卷時,特別商請學校問卷負責人將問卷交給有擔任原住民學生補救教學之教師填寫,以避免產生研究樣本之偏誤。

三、研究結果推論之限制

　　本研究乃針對原住民重點學校之國民中學教師,探討其教師的專業素養與補救教學成效之關係,由於原住民區的教育狀況不同於一般地區,其研究結果僅作為原住民重點國民中學推論使用,並不適用於一般地區。

第二章 理論研究

　　本研究旨在探討原住民重點國民中學教師專業素養、補救教學理念與補救教學成效之關係，為釐清研究主題，建立研究架構，先進行文獻探討。本章共分為四節，第一節探討教師專業素養，第二節探討原住民教育相關理論，第三節探討補教教學相關理念，第四節探討教師專業素養與補救教學之相關研究。

第一節 教師專業素養探討

　　教師期望與教師的行為會影響學生學習情形，要提升學生學業成就最有效的方法就是提升教師的素質，教師專業素養影響學生學業成甚鉅。本節主要探討教師專業素養，分別從素養的意涵，教師素養、教師專業素養來探討原住民重點國民中學教師專業素養。

壹、素養之意涵

　　根據韋氏大辭典(Webster New World Dictionary) 及牛津大辭典(Oxford Dictionary)，對「素養」一詞的定義都是：讀與寫的能力 (ability to read and write)。而廣義的意義則包含了一個人受教的狀況以及一般的技能。英文的 literacy 並未涉及道德或價值，無所謂的好壞或善惡。亦有將 Literacy 一詞，譯為「識能」，隨著社會的演變，個人為適應社會生活所需具備的基本識能也有所不同，第一類為傳統的識能(conventional literacy)，包括了讀、寫、算和辨識記號的基本能力。第二類為功能性的識能(functional literacy)，意指個人為經營家庭和社會生活及從事經濟活動所需的基本技能；及一個群體為其成員能達到其自我設定的目標而所需的基本能力(Lyman, 1990)。經濟合作發展組織 (Organisation for Economic Co-operation and Development,OECD) (2005)也將素養定義為「能成功的回應個人或社會要求的能力」，此部分乃將素養定義為一種與社會互動的能力。

　　但辭海對素養的解釋為「平日之修養也」，是指長期修習涵養，意指素養不是一朝一夕而成的，而是長期修習的結果。而現代漢語規範辭典則認為素養是指人們透過

教育、訓練，在先天生理條件基礎上通過後天的培養、鍛鍊、陶冶所獲得的品德、學識能力和個性、品格的總和。素養是建築在先天遺傳的基礎上，由後天的養育、個體所受的各類教育、人生經歷、個人已有的生命實踐積澱而成(葉瀾，2006)。素養主要係指 competence 與 literacy。而 competence 是一種能夠成功回應個人或社會的生活需求，包括使用的知識、認知與技能的能力，以及態度、情意、價值與動機等(蔡清田、陳延興，2013)。李坤崇(2013)認為素養是「在培養個人成為獨立的個體的過程中，為成功與內在、外在環境互動溝通所需具備的能力，包括認知(知識與理解)、情意(態度、價值與慾望)、技能三方面。而 Deakin Crick(2008)也認為素養包含知識、技能、理解、價值、態度與慾望的複雜組合，用以有效體現人類在世上某特定領域的行動。 Giroux（2008）對於素養（literacy）的解說為：（1）素養不僅是文字、藝術、技能，素養還必須涉入意識型態與思想的澄清；（2）素養為組織意義、建構意義、維持意義的工具；（3）素養是一種現有的文本、知識論與意識型態系統的再現之實踐；（4）素養是要了解差異，因為他人的認同很重要；（5）素養脫離不了差異與權力的語言。

　　素養與能力常常令人感覺意思模糊，蔡清田(2011)即針對素養與能力區別如下：
1.素養的理論構念較為精確且周延，不同於能力的含糊不清，素養重視知識與能力更強調態度的重要性。
2.素養強調教育的價值與功能，素養是學習的結果，也是一種教育的結果，非先天遺傳之能力，是後天努力學習而獲得的知識、能力、態度、合乎認知、技能、情意的教育目標，重視教育的過程與結果。
3.素養可因應時空改變與社會變遷。
4.素養較能力更為高尚而優質，且已超越行為主義層次能力，是全人或全方位之素養。
5.素養具有學術理論的依據，包括哲學、人類學、心理學、經濟學、社會學等不同學門領域的理據。

　　素養是個人與外界作合理而有效的溝通或互動所需具備的條件(張一蕃，1997)。其「外界」包括了人、事（組織、制度）及物（工具）。 「合理」即蘊涵了客觀的價值判斷。而「有效」則意味著素養的水準是可以有程度性差異的。「條件」則包括了認知、技能（行為）及情意三方面的。素養是一種基本能力，透過個體與外在互動過程來呈現，可表現於知識、技能、情意等三方面，且會隨著時代的更迭產生轉變(廖翊恬，2013)。從工（產）業社會的經濟發展觀點看，素養被界定為能在日常情境中

勝任工作任務所必須具備的知識、能力與態度 (Stein, McHenry, Lunde, Rysst and Harstad,2001)。Stein 等人在 2001 年國際工程教育會中提出

$C=(K \cdot S)^A$，即 Ccompetence＝(Knowledge $\cdot$ Skill)^{attitude}，素養＝(知識 × 能力)^{態度}，素養不等於單一知識，也不等於單一技能或技術能力，素養包括知識、能力與態度多層面統整之整體性。「態度」擺放於次方，意味著態度的關鍵決定性。

　　綜合以上所述，「素養」除了包含「能力」與「知識」的面向外，更蘊含了「態度」的層面。「素養」不僅僅只重視「知識」，也重視「能力」，更強調「態度」的重要性。素養是個體為了符合某一社會期望的一種穩定思考與行為模式，它是立基於個人先天條件，經過長時間訓練累積進化，並符合特定領域規範之認知、技能與情意模式，素養具有四大特色，長時間訓練發展的結果，達成特定領域目標，顯現於外面的一致性，是認知、情意、技能的總和。

貳、教師專業之探討

　　職業、生涯與天職三者有何不同?當人們將工作視為「職業」時，他們只對從工作獲得的物質利益感到興趣，且沒有尋找或接收到任何其他回饋；當人們將工作視為「生涯」時，他們對工作放下較深的個人投資，所獲得的成就感不只是薪水，更是在工作領域中的晉升；當人們將工作視為「天職」時，工作與生活是無法分離的，他們的終極目的不是為了賺錢或生涯晉升，而是工作所帶來的自我實現。對於自我的關注，讓工作是否足以提昇個人生命層次的附加價值逐漸取代了工作本質（Wrzesniewski, McCauley, Rozin & Schwartz ,1997）。

一、專業意涵

　　所謂「專業」是指：「一個人專門從事於一種職業，這種職業必須有高度的學術或科學上的知識與技能，以應用於他人的事物，而提供專門性的服務。」（牛津英語大辭典）。而根據維基百科的定義：專業（Profession），是一種需要特殊教育訓練之後才能從事的職業，他們的主要工作通常是為其他人提供特別的技術顧問與服務。從事這種工作的人，稱為專業人士或專業人員，通常會以它為一種志業。而聯合國教科文組織（United Nations Educational, Scientific and Cultural Organization, 1966）認為「專業」是一種需要嚴謹的態度與不斷的研究所獲得的專門知識與特別技能，而提供的公共服務。

　　賈馥茗博士對專業的意義，曾有如下的解釋（引自楊國賜，1985）：「所謂專業，是指從業者具有卓越的知識和能力，他們對知識和能力的運用，關係著別人的生死或利害。例如：醫師便等於操縱病人生或死的樞紐；律師便等於掌握著被辯護者的生死或得失。如果他們的知識和能力不夠，當事人立即受到影響。而且原則上，醫生以救人為目的，應該不問貧富，治病第一；律師以維護社會正義為目的，不問當事人是否付的起費用，便應當替他合法合理的辯護，故而是不計報酬的，這一點就和神職人員有些相像，教士傳教或替信士服務，不收任何費用，完全是一種奉獻。所以專業的意義，一方面指精湛的學識，卓越的能力；一方面則是服務或奉獻。」

　　姜添輝（2000）認為，專業包括專門化的知識體系、一定期間的教育、不斷的在職進修、利他導向、自主權、作為控制新成員的協會、此協會並能引進一套作為規範成員行為的專業倫理信條等要項。大前研一（2009）專業指能控制感情，以理性行動，擁有比以往更高超的專業知識、技能和道德觀念，秉持顧客第一的信念，好奇心和向上心永不匱乏，加上嚴格的紀律。

二、專業的內容

　　大前研一（2009）建構「專業」所需要的能力包含：「先見力、構思力、議論力、矛盾適應力」。而專業最重要的是具備「顧客主義」的概念乃是以客戶利益為優先。

(一)先見的能力：即預見事物發展趨勢和規律的能力。

(二)構思的能力：即能夠抓住機會，以最快的速度和最佳方法讓機會變為現實的能力。

(三)議論的能力：即是釐清問題而明確戰略發展的能力。

(四)適應矛盾的能力：即是在分析未來趨勢、釐清問題、理解現狀的基礎上所具備的調和矛盾、解決問題而推動發展的能力。

　　而許義雄(1988)則認為「專門職業」,其構成要素含五項,包括:

(一)必須具備高度的專門化知識與技能。

(二)經由國家或團體的資格考試。

(三)維持職業團體的組織性和統一性。

(四)重視公眾利益。

(五)個人及團體因職業活動而有自主性。

　　Wilensky (1964)則從「專業化」的過程來解釋專業的特質。他研究十八種職業的歷史發展過程，發現職業要轉變成專業，通常需要經過下列五個過程：

(一)它必須是一種從業人員可以全職 (full-time) 工作的職業。

(二)必須建立專業訓練學校。

(三)必須成立專業組織。

(四)從業人員必須努力獲得法律保護，以爭取工作時的獨立自主。

(五)它的專業組織必須頒佈專業倫理規範，約束其從業人員。

　　Ozar 和 Sokol (2002)指出專業的四大重要特色應該包括：

(一)重要而獨佔的專長：

　　是指專業不同於一般職業，其所提供的服務是公眾認為非常有價值的。

(二)內部與外部的承認：

　　專業需要長時間的理論教育和師徒式的密集實務訓練，使得具備這專業知識

　　者僅限於少數人。

(三)執業時的自主權：

　　只有受過理論與實務訓練的專業人才，才有能力正確衡量專業介入的需求和

　　專業表現的品質。

(四)具有專業和專業人員的義務：

　　專業不僅必須具備理論與實務的專門知識，更涉及執業時知識的應用。

三、教師專業

　　聯合國教科文組織（UNESCO，1966）認為教師專業是一種需要教師嚴謹的態度
與不斷的研究所獲得的專門知識與特別技能，而提供的公共服務。

　　根據林清江(1972)對教育專業工作的解釋，教育專業具備以下七項特徵：

（一）為公眾提供重要的服務。

（二）系統而明確的知識體系。

（三）長期的專門訓練。

（四）適度的自主權利。

（五）遵守倫理信條。

（六）組成自治團體。

（七）選擇組成份子。

　　美國教育協會（National Education Association,NEA）在 1948 年認定教育為專業
工作，並為教育專業訂定之八項標準(引自張鈿富，1992)。

(一)為高度的心智活動。

(二)具特殊的知識領域。

(三)有專門的職業訓練。

(四)不斷的在職進修。

(五)為終身事業。

(六)應自訂應有的標準。

(七)以服務社會為鵠的。

(八)有健全的組織。

　　謝文全(1998)教育人員專業化的七項標準：

(一)受過長期專業教育而能運用專業知能。

(二)強調服務重於牟利。

(三)應屬永久性的職業。

(四)享有相當獨立的自主性。

(五)建立自律的專業團體。

(六)能訂定並遵守專業倫理或公約。

(七)不斷從事在職進修教育。

　　聯合國教科文組織（UNESCO）於 1966 年通過「關於教師地位建議案」中，強調教師知專業性質，認為「教學應該被視為是專業」（Teaching Should be regarded as a Profession）：它是一種服務公眾的型態，它需要教師的專門知識和特殊才能，這些都要經過長期持續努力與研究，方能獲得並維持，此外，它需要從事者對於學生的教育及其福祉，產生一種個人的以及團體的責任感。

叁、教師素養內涵

　　美國全國教師品質委員會(National Council on Teacher Quality，NCTQ)於 2004 年提出教師素養水平是影響學生學業成就的最重要因素；教師素養是一個整體性的概念，是教師各種素養的集合體。是教師履行職責，完成教育教學任務所必備的各種素養及其應用能力的總和(龍維娟，2012)。教師的素養是指教師在育人過程中，建立在一定生理條件基礎上的穩定的必備的職業品質，是教師職業形象、育人知識、育人能力的綜合反映(龍維娟，2012)。教師素養是教師為履行職責完成教書育人的任務，所

應具備的各種素質和修養的總和(盧文倩，2012)。教師素養是指教師為了履行職責完成教學任務所必備的素質修養，教師應具備的具體職業素養分為：思想政治素養、道德品行素養、科學文化素養、能力素養、身體心理素養等(鄧水平，2001)。

　　承上所述所謂素養是符合特定領域期望的思考及行為模式，並且顯現於外的一致性特質，就教師素養而言教師必須展現符合社會大眾對教師角色期望的特質與行為，因此教師的特質乃為教師素養的一部分。教師人格特質、言行舉止越符合社會期待，越被社會認為是所謂的好老師或有效能老師，美國教師品質委員會(NCTQ, 2004)認為個人特質是有效能教師的重要特徵，個人特質是「軟體」的部分很難測量，但是無庸置疑的很重要的因素，優秀的教師個人特質包括以下：

一、高成就動機：他們想要去做的每件事情幾乎都會成功。

二、負責任態度：他們對成敗負完全的責任不會去責怪其他人。

三、具批判思考：不僅看到事情發生，而且強調其因果關係。

四、善於組織：它們能夠有效率地的完成多種工作。

五、善於激勵：能夠影響激勵其他人。

六、對人敬重：尋找每個人的最好部分，特別關懷那些比他們遭遇更不幸的人。

七、完成組織目標：內化組織目標致力減少教育不公平現象。

　　Scriven (1994)綜合各方面文獻後指出，要成為一位理想教師至少要具備四大素養：

(一)學科知識：

　　1.專業知識：備課、選材及評估知識。

　　2.其他學科知識：包括溝通技巧、學習技巧、電腦技巧等。

(二)教學能力：溝通表達能力、管理能力、任教學科設計和改進能力。

(三)評估能力：學生評估的知識和能力、設計試卷的能力、評分的能力、學生成績紀錄及報告。

(四)專業修養：專業道德、專業態度、專業發展、為教師專業活動做出服務、對學校及社區的其他責任。

　　李俊湖(2007)之研究指出，教師的基本素養乃指教師要具備的普通知能，如人際關係與溝通能力，問題解決與個案研究能力、創造思考能力、批判思考等能力；也包括人文及科技素養等。而吳欣怡(2012)認為教師素養是指在專業領域中獲得證照，並

在職涯活動中展現人格特質、通識知能、教育專業知能、專門知能與專業精神等特性。教師的素養是教師順利完成教學所必需的知識素養、教學技能素養、以及教育教學研究意識和能力主要包括：思想道德素質、科學文化素質、教育教學技能能力(或教學藝術素養)、心理與身體素質等(仲小敏，2005)。教師素養包含基礎性素養、教育專業素養和複合型素養等三大類(葉瀾，2006)。教師素養是教師在教育、教學活動中表現出來的，決定其教育、教學效果，對學生身心發展有直接顯著的影響的心理品質之總和(林崇德，1999)。教師素質的建構必須要符合時代發展的要求，具有先進性、針對性和綜合性(龍維娟，2012)。

綜合以上所述教師素養有從教師所應具備的能力來看，教師必須具備豐富的學科知識、教學能力以及專業修養等；另有從理想教師所應具備的人格特質，如高成就動機、善於關懷激勵、負責任的態度等。因此教師素養除了具備能力外更須要有溫暖的人格特質與態度，教師素養乃指教師為了完成教育任務，其所展現之符合教師角色期望的行為與特質，具體來說包含學科知識、教學技能、教育態度與人格特質。

肆、教師專業素養

專業素養是專門職業對從業人員的整體要求，教師的專業素養指的是教師為了實現教育目標，為了有效地完成教育教學活動所必需的知識、技能及相關的觀念、能力的總和(龍維娟，2012)。教師的專業素養高低直接決定教育的品質良窳，教師的專業素養包含：教師的專業精神、教育理念、專業知識、專業能力和專業智慧(龍維娟，2012)。教師專業素養包括教師的品德、教育精神、學科知識與能力、溝通表達技巧、教學評量能力、輔導學習能力、態度與價值觀(饒見維，2003)。

教師專業素養是「教師作為專業人員應該具備多方面的專業要求」，具體包括教育理念、專業知識、專業能力、專業道德、身體素質和心理素質等方面(賴寒，2014)。Deena 和 Elizabeth(2015)對城市教師的素養研究認為教師素養包含 3C。(1)文化能力(culture)：文化意識、經驗與了解。(2)教與學的溝通技巧(communication)。(3)對學生與社區服務的承諾(commitment)。教育理念是指教師在對教育工作本質理解基礎上形成的關於教育的觀念和理性信念，有沒有對自己所從事職業的理念，是專業人員與非專業人員的重要差別。觀念是教師教學的靈魂，知識是教師教學的基礎，技能和能力是教師教學的關鍵(仲小敏，2015)。

　　英國教育學家 Hoyle(1987)認為教師的職業素養應在一般專業素養的基礎上加上特別的需求，在「教師的角色」一書中，他對教師的職業素養提出了五項要求：

1.履行重要的社會服務。

2.系統的知識訓練。

3.需要持之以恆的理論與實踐。

4.高度的自主性。

5.經常性的在職進修。

　　鍾任琴(1994)將教育專業的主要內涵歸納為:專業知能、專業自主、專業成長、專業倫理、專業認同、專業服務等六個部分，茲說明如下：

一 、專業知能(Professional knowledge and teaching skill)

　　教師的教育專業知能是良師的必需條件之一,專業的知識與技能係指專業工作者必需具備教育專業、專門的獨特知識能力,包括與教育有關的一般知識與教學方法,與教育工作有關的能力，及任教學科的專門知識。

二 、專業自主(Professional autonomy)

　　教師專業自主是教師能依其專業知能在執行其專業任務或作出專業決定時,不受外來的干預。具體言之,教師在處理班級事務、教學歷程、激勵學生動機、學習結果評鑑與學生管理等方面,教師均充份擁有法理性的權威,其他人員都不能妨礙這種專業權威。

三 、專業成長(Professional growth)

　　教師專業成長是指教師在教學生涯表現上,從事有關增進個人專業知識和技能之自我改善活動的能力與意願。它涵蓋各種正式與非正式的活動,如政府機構經立法正式訂定的在職進修、研討會或參加各種專業組織活動、閱讀期刊專書、專題研究、參觀訪問等專業成長活動,內容包括教學技巧、實質知識與專業態度各層面。

四 、專業倫理(Professional ethics)

　　專業團體的倫理信條反映的是工作的專業特性,建立的是特定專業工作的目標與標準,用以規範其組成份子的行為。專業倫理規範可用來做為評鑑專業人員的規準；協助新進人員接納專業責任與權力、扮演專業道義的規範角色、提供專業人員自主地位、促使社會大眾對專業的了解與認同。

五 、專業認同(Professional identity)

　　專業認同可使組織產生團結一致的情感，可以支持及維持組織的生存與發展，可以使組織成員共享及共同了解組織的特性。教師對於教育工作的認同感，關係著教學的成敗甚鉅。當教師本身將教學工作視為專業時，乃代表教師以身為教育工作者為榮，而將教育的目標與任務內化於個人自我概念中，因而產生積極認同感。

六 、專業服務(Professional service)

　　教師專業服務態度具體而言，乃指教師應尊重學生的獨立性，區別學生的個別差異，以激發其最高潛能。學生是教師直接服務的對象，教師自當以學生利益為前題，即使對抗非專業的壓力，亦應表現其正確的服務態度，以及具有教育熱忱與教育愛心的服務精神。

　　而王立行和饒見維(1992)認為教師的專業素養應包含四個基本要素：

一、專業知識：

　　專業知識應結合學科知識及教學知識成為教學內容知識，學科知識和教學知識兩者相輔相成不可偏廢。

二、專業技能：

　　專業技能是專業知識應用到教學情境以解決實務問題的能力。專業技能必須以專業知識為基礎，透過持續的練習，達成技能的純熟。

三、專業精神：

　　專業精神是基於對教育工作的認同與奉獻所產生的一種使命感。專業精神所衍生的工作態度與職業倫理，是獲得專業知識與專業技能的基本動力。

四、後設省思：

　　後設省思是一種「有關知識的知識」(knowledge about knowledge)，也是對知識來源、結構、程序及價值等的自覺力，主要是將前述各種省思活動的結果加以組織、綜合、演繹、歸納而得。

　　教師專業素養綜合地體現出時代要求和個體發展的內在精神(吳黛舒，2009)教師專業素養僅僅是教師素養的一個子課題(郭少英、朱成科，2013)。教育部提升國民素養專案(2013)指出教師專業素養包含豐富的教育知識與學科知識，卓越的教學與輔導能力，以及專業的態度與倫理等三大面向。教師專業素養之內涵包含知識、教學與輔導能力及專業態度與倫理等三大面向，並融入語文、數學、科學、數位與教養與美感

等素養與其中，以引導學生學習知識，進而將知識應用於日常生活與工作場域的問題解決之能力。

　　教師專業素養通過教具體的教學行為和教學活動表現出來，並決定教學品質與教育目標的達成，因此教育品質的良窳與教師的專業素養關係甚鉅。饒見維(2003)認為教師的專業素養(professional literacy)包括教師的品德、教育精神、學科知識與能力、溝通表達技巧、教學評量能力、輔導學生能力、態度與價值觀等。邱瓊葉(2005)研究指出教師教學專業素養分為專業知識、專業能力、專業精神與專業成長。而依據國民小學教師專業標準，教師專業基本素養是教師透過專業知識與素養、以發揮潛移默化的力量，引導與啟發學生學習的興趣，並鞏固教育的根基。其中包括：具備教育學基本素養、關注學生教育機會的公平性、以不同思維或立場理解教育事件。

　　國民小學教師專業標準包括五大向度：1.教師專業基本素養。2.敬業精神與態度。3.課程設計與教學。4.班級經營與輔導。5.研究進修與發展。而吳清山、張素偵(2002)從教師的評鑑規準，教師的素養包含專業知能、教學品質、教師效能、服務熱忱等四項。黃昭誌(2006)針對社區大學成人教師的專業素養指標之建構研究，指出教師的專業素養指標包含專業知識、專業能力、專業態度與專業成長四個向度。

　　教師的專業素養是教師之綜合素質的集中表現，是教師作為一種專門職業內在的規範和要求，是教師在教育教學過程中表現出來的決定教育教學效果，對學生身心發展有直接或潛在影響的品質(劉創，2004)。劉創接著談到教師素養可分為三個層次：基礎層次為教師資格取得所要求的素養，表現為具備一定的教育理論，具備一定的專業化素質和教學技能素質。中間層次為熟練地進行教育學所需的素養，表現為具有較新的教育理念，廣博的專業知識和現代教育理論知識，具備良好的心理素質和現代教育能力。高層次的專業素養則集中表現為由各種教育能力生成的豐富教育智慧。

　　教師的專業素養包含顯性素養與隱性素養，而隱性素養遠大於顯性素養，就像冰山所隱藏的部分，教師在教育教學中所表現出來的專業知識、專業能力(顯性素養)，就專業知識素養包含教育知識、學科知識、學科教學知識、通識性知識；專業能力素養包含教學設計、教學實施、班級管理與教育活動、教育教學評價、溝通與合作、反思與發展等方面的能力。而隱性素養是指做好教育教學工作所應具備的專業理念與師德，就教師的專業理念素養而言素養，教師應當對教育本質有深刻的理解，樹立正確的教育理念，把握教育發展的方向，不斷的學習總結新的教育理念，就師德的部分教

師應具有敬業樂業精神，對於工作有發自內心的崇敬，以教書育人為樂、富有高度的社會責任感，對學生和教育具有良好的態度與行為、注重個人良好的形象、心理健康、心態平和、有親和力、言談舉止文明(歐陽明，2015)。顯性素養可以透過教師自主學習或專業培訓而提高，而隱性素養直接影響教師專業知識的運用和專業能力的發揮；而教師專業理念和職業道德的提升，則需要通過加強教師培訓和教師自我學習、實踐反思、自我領悟而來。

　　依據簡茂發、彭森明、李虎雄（1998）在「中小學教師應具備的基本素質」研究中歸納出中小學教師的基本素質應包括五大領域：

一、普通素養包含人文素養與科技素養兩方面。

二、專業知能包括專業知識與專業能力兩部分。在知識部分，包含理論基礎、課程與教材、教育方法、教育管理、學習與發展等五項；至於專業能力方面，則包括教學能力、輔導能力、行政能力、溝通能力、以及研究能力等五類。

三、專業態度包括教育信念與教育態度兩類。

四、人格特質方面強調身為教師應具備的積極特性。

五、專門學科素養。

詳如圖 2-1-1。

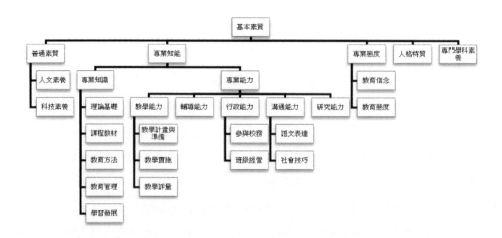

圖 2-1-1　教師基本素質

資料來源：簡茂發、彭森明、李虎雄(1998)。中小學教師基本素質之分析與評量。教

育部八十六年度專案研究計畫報告。國立台灣師範大學。

　　而吳清山(2006)將優良教師所應具備的專業素養分為知識、能力與道德三大面向，在這三大面向下發展共 14 個內涵，其中在知識的部分包含學科內容、學科教學、一般教學以及班級經營，在能力的部分有包含語文表達、輔導學生、行動研究、情緒管理、終身學習以及科技運用等能力，在道德的部分包含專業能力、公平正義、以身作則以及人格高尚等，其說明如圖 2-1-2。

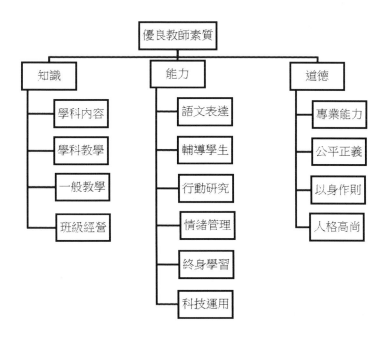

圖 2-1-2　優良教師素質之內涵

資料來源：吳清山(2006)。師資培育的理念與實踐。教育研究與發展，2(1)，P25。

　　綜合來說教師專業素養乃教師在執行教學專業工作所應具備的知識、能力與特質，教師的專業素養不同的學者從不同的觀點有不同的的內涵，茲將上述文獻有關教師專業素內涵彙整如表 2-1-1。

表 2-1-1 教師專業素養內涵彙整表

作者	專業素養內涵
龍維娟(2012)	專業精神、教育理念、專業知識、專業能力、專業智慧
饒見維(2003)	教師的品德、教育精神、學科知識與能力、溝通表達技巧、教學評量能力、輔導學習能力、態度與價值觀
賴寒(2014)	教育理念、專業知識、專業能力、專業道德、身體素質、心理素質
Deena, K.與 Elizabeth, B. (2015)	文化能力(culture)、教與學的溝通技巧(communic 專業態度 ion)、對學生與社區服務的承諾(commitment)。
鍾任琴(1994)	專業知能、專業自主、專業成長、專業倫理、專業認同、專業服務
王立行、饒見維(1996)	專業知識、專業技能、專業精神、後設省思
郭少英、朱成科(2013)	教育知識與學科知識、卓越教學輔導能力、專業態度與倫理
邱瓊葉(2005)	專業知識、專業能力、專業精神、專業成長
國小教師專業標準	教師專業基本素養、敬業精神與態度、課程設計與教學、班級經營與輔導、研究進修與發展
吳清山、張素偵(2002)	專業知能、教學品質、教師效能、服務熱忱
吳清山(2006)	知識、能力、道德
彭森明、李虎雄、簡茂發(1998)	教師基本素質包含：普通素質、專業知能、專業態度、人格特質、專門學科素養
黃昭誌(2006)	專業知識、專業能力、專業態度與專業成長
廖修輝(2010)	課程與教學專業知能、教學輔導專業知能、教學輔導專業成長、教學輔導信念與態度等四個指標層面
廖佩莉(2014)	本科學養、教育理論、語文教學、個人涵養
邱鳳裕(2011)	專業知能、專業成長、專業自主、專業認同、專業服務

(表 2-1-1 續)

(續下頁)

　　從表 2-1-1 中發現有關教師專業素養內涵雖然各學者有不同的描述，但不外乎與教育有關之專業知識、專業能力、專業態度與人格特質，茲將上述文獻所探討之教師專業素養內涵項目歸納彙整如表 2-1-2。

表 2-1-2 教師專業素養內涵項目歸納彙整表

作者	專業能力									專業態度						人格特質					其他
	專業知識	專業技能	溝通能力	教學能力	評量能力	輔導能力	專業成長	教師效能	專業服務	專業態度	專業精神	專業自主	教師品德	教育理念	專業認同	專業倫理	專業智慧	價值觀	服務熱忱	人格特質	
龍維娟	●	●									●			●			●				
饒見維	●		●	●	●					●	●		●					●			
賴寒	●	●									●			●							身體素質
Deena			●						●												文化能力
鍾任琴	●						●		●			●				●					
王立行	●	●					●					●									
吳清山	●			●				●											●		
郭少英	●			●							●					●					
邱瓊葉	●	●					●			●											
彭森明	●																			●	普通素質 專門學科
黃昭誌	●	●					●			●											
廖修輝	●			●		●	●			●											
廖珮莉	●			●										●	●					●	
邱鳳裕	●	●								●			●		●						
統計	13	6	2	5	1	1	5	1	2	5	4	2	2	3	2	2	1	1	1	2	

　　在教師專業素養內涵中其中專業知識幾乎是所有學者都認為必須擁有的部分，其次是專業能力，不同學者著重的能力不一致，其內容包含溝通能力、教學能力、評量能力、輔導能力、專業成長能力等，其中教師效能與專業服務提出的學者較少，且可以併入教師專業能力之一，本研究根據表 2-1-2 及實際教學現場所需能力並參考簡茂發等(1989)將教師的專業能力歸納分成教學能力(教學能力、評量能力)、行政能力(教師效能、專業服務)、互動能力(溝通能力、輔導能力)以及研究能力(專業成長)等四大

部份。在表 2-1-2 中有 5 位學者提出專業態度，4 位提出專業精神，少部分提出專業自主、教育理念、教師品德、專業認同與專業倫理等，可見大部分的學者認同專業態度的重要性，而專業態度牽涉到個人的教育理念、專業認同、專業倫理、專業精神、專業自主等，因此本研究將這些內容歸納為專業態度；而專業智慧、價值觀、與服務熱誠都與個人的人格特質有關，因此將之歸納為人格特質；故本研究將教師專業素養之內涵歸納為教師專業知識、專業能力、專業態度與人格特質等四大項。

　　教師人格特質，是影響學生學習最主要的因素，比教師使用的教學方法、科技、課程、設備及書本等都重要(Scheidecker & Freeman,1998)。這些優良人格特質，能吸引學生，使學生敬佩老師，樂於親近老師，聽從老師，無形中加強了學習效果。人格特質雖然很重要但卻很少針對教師須具備的特質做一明確的定義，本研究以Scheidecker 和 Freeman(1998)在 "Bringing Out the Best in Students"一書中所提到「吸引學生學習的教師人格特質」包括具創造力、幽默風趣、友善的、快樂的、與眾不同的人格特質，作為教師專業素養中教師所應具備的人格特質

　　在專業知識部分不同學者提出不同的看法包含：簡茂發等(1998)認為需要有理論基礎、課程教材、教育方法、教育管理、學習發展等；而吳清山(2006)認為在專業知識部分應包含學科內容、學科教學、一般教學、班級經營等；歐陽明(2015)則認為應有教育知識、學科知識、學科教學知識、通識性知識等；鍾任琴(1994)則認為教師專業知識應包含學科專門知識及一般知識。歸納來講教師的專業知識應包含：任教學科的專門知識以及與教育、教學有關的知識，因此本研究統整上述文獻以及實際教學所需歸納出教師專業知識應包含：專門學科知識、課程教材知識、教育方法知識以及學生的學習發展等知識。

　　總結來說教師專業素養是指教師經由一定的專業訓練的過程，並取得專業證照之認可，在從事專業服務中所展現之專業知識、能力、態度、思考及行為模式合乎社會對該專業之期許之一套穩定的外在行為和內在思維之特質總和。它具有以下特性：1.是長時間專業訓練，並於專業服務中所淬煉而成。2.是區別該專業與其他行業之不同的穩定標準。3.專業自主的過程必須合乎社會對該專業之期待。4.專業素養包含內在的思維與外在的行為並隨者時代而有所精進。本研究所探討的教師專業素養包含教師於從事教育專業工作時所需具備的專業知識、專業能力、專業態度與人格特質等四大面向，其詳細內容如圖 2-1-3。

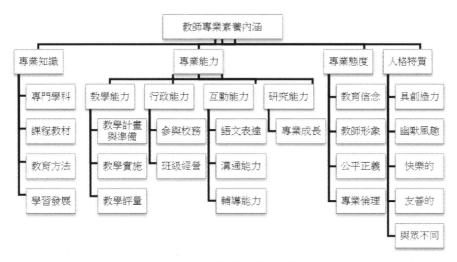

圖 2-1-3 教師專業素養內涵

伍、原住民區教師專業素養

　　原住民區教育因地處偏遠交通不便、語言隔閡、文化剝奪等造成原住民區教育現況與一般地區教育不同，因此原住民教育有另外的原住民教育法規定，在設校規定、師資、教育內容以及升學保障都有別非原住民地區。

　　教師是影響學生重要的他人，也是學生學習的重要楷模，教師的觀念與行為態度對學生的學習有關鍵的影響，由於原住民地區家長社經地位低、學歷不高、沒有時間也無力幫助孩子學習，孩子的教育只能依靠學校，特別是學校的老師，但原住民區的教師一般具有流動率高，非原住民籍師資占大多數、師資年齡兩極化的現象，政府雖然有鼓勵教師留在原鄉服務的措施，如給予加給及記功等優惠，但仍留不住教師，除了地域不便因素外，教師與家長的語言、文化隔閡，沒有成就感、行政工作繁重等都是可能留不住教師的因素(蔡政忠，2014)。原住民的教育因地域、族群、語言與文化有別於一般非原住民區，形成一個特殊的原住民族群文化。因此，任教於原住民區的教師其所需的專業知識內容自當有別於一般地區之教師，原住民區教師的專業素養顯得格外重要。

　　國外多數的研究發現學生的族群、社經背景、文化等因素影響著學生的在學情況與學習成效(Alexander & Entwisle,1996; Shield & Oberg, 2000；Bishop & Glynn, 1999；

McBride & McKee,2001; Nieto, 1999)。大多數的原住民在漢人主導的教育體制裡不但缺乏進入主流文化的能力，又不能保有固有文化特質，因此陷入「民族文化文盲」，甚至是「文化雙盲」的窘境，學校的正式教材以漢族文化為出發點，造成學生學習效果極差(孫大川，1999)。原住民學生族群認同不足，部分造成原住民污名的假歷史，鮮少有機會在教育的場域裡，得到正確而適當的澄清（譚光鼎，1998），使得學習的自信低落，且原住民社區大都處於交通不便之山地、偏遠地區、學生缺少外來文化刺激，使得原住民學生在經濟、交通、社會與文化等客觀條件中處於較不利的地位，基本知能不足而造成學業適應困擾(吳天泰，1995)。

　　造成原住民學生成績低落除了個人的努力因素外，文化不利因素扮演重要關鍵因素，原住民區部分教師缺少對原住民文化基本認識，影響原住民區教育成就(吳天泰，1995)。陳淑麗、曾世杰、洪儷瑜(2006)認為少數族群學業成就低落的原因包括社經地位低下、文化差異、語言差異等。學校教育制度未能反映弱勢族群文化差異與教育需要，學校課程以漢族主流文化思想價值為主，教師教學使用非慣用語言，在加上教師對原住民文化也不是很瞭解的情況下，很難給原住民學生學習協助進而影響學習成就，使原住民對自己喪失信心與認同感，進而造成其學習動機低落(蔡文山，2003)。

　　原住民區教師除了應具備一般教師的專業知能、技術與態度外，另必須對原住民區文化有所了解，欣賞、尊重文化差異，進而能夠反思、批判社會結構不公平造成原住民學生學習低落的狀況，能夠以文化回應教學，進而提升原住民學生的學習成效。教師具備多元文化素養不僅有助於教學與師生互動，亦有助於與不同文化背景之家長溝通。然而，缺乏多元文化素養是國人面對多元文化教育最大的瓶頸，特別是教師無法跨越文化差異的藩籬，教學過程中容易不自覺地進行自身的文化再製（何青蓉，2003；陳美如，2001；陳憶芬，2001）。教師通常來自中產階級，缺乏對中下階層文化體驗的經驗，欠缺多元文化素養，多元文化素養強調在多元文化社會關切族群、語言、文化之間的權力問題(王雅玄，2007)。而蔡文山(2004)也認為教育機會不均等是造成原住民學生社會階層無法向上流動的主要原因。

　　如果原住民區教師沒有批判的意識，體認社會結構與文化因素對教育機會均等的影響，甚至接受汙名化的原住民刻板印象，將學習成就歸因為個人與家庭因素，容易造成教師教學無力感，學生對其自我族群意識也會欠缺認同，惡性循環的結果，因此，原住民學業成就低落永遠無法獲得解決，即使政府投入大量的經費與資源，原住民區

教師若無法從公平正義出發，省思批判文化霸權、社會結構對學生學習的影響，則原住民區的學生學習仍無法獲得改善。因此本研究之原住民區教師專業素養，除了必須具備一般地區的教師專業素養外，另需要有多元文化之專業知識和教學能力以及公平正義之精神以及具有又善樂於助人之人格特質，以協助原住民學生脫離弱勢的枷鎖。

　　原住民區教師專業素養乃指教師在原住民地區實施一般教育與民族教育活動關懷弱勢族群達成教育目標所需的專業知識、專業能力、專業態度及人格特質外，由於原住民區學生的文化、社經地位、學習成就低落之弱勢，其中在專業知識部分除了專門學科知識、教育知識、教育方法，學習發展知識外特別強調多元文化知識，並強化教師教學能力中的文化回應教學能力，在專業態度的部分需要有社會公平正義的教育思維。因此本研究將原住民區教師的專業素養除了教師專業知識、能力、態度、人格特質外，再增加一構面「多元文化素養」以彰顯其在原住民區學校的重要性。因此，原住民重點國民中學教師專業素養包含：教師專業知識、專業能力、專業態度、人格特質與多元文化素養，如圖 2-1-4 所示。

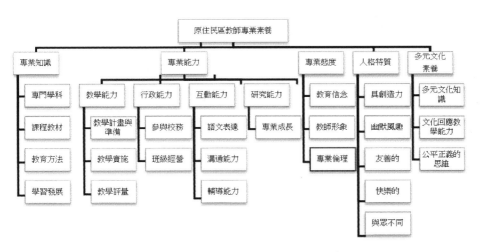

圖 2-1-4　原住民區教師專業素養

　　綜合以上所述，本研究就國內外學者對教師專業能力相關研究與論述之文獻中進行內容分析，藉以了解國內外教師所須具備專業素養之異同。茲將文獻探討之內容分析發現歸納如下：

一、國內對於教師專業素養之研究大都以教師的實際教學工作內容為主，或以教育評鑑之規準出發，大部分聚焦於教師的知識、能力、理念與態度，較少針對教師的人格特質與多元文化理念作論述。

二、國外對於教師專業素養的界定，是以一個優秀教師所需具備的特質，著重在教師的人格特質部份，以及對學生與社區之承諾與服務。

三、國內外學者都認為教師的專業素養包含了，與教育及學生發展有關的專業知識、課程教學評量與溝通互動能力，積極正向的態度以及溫暖關懷的人格特質。基於教師是一項專業的工作，因此，本研究將這些特質命名為專業知識、專業能力、專業態度與人格特質。

四、本研究對象為原住民重點國民中學教師，其所任教的地區都為原住民偏遠地區，學生在文化、經濟、家庭以及教育都處於弱勢，因此特別需要有對主流文化批判的意識與省思以及教育公平正義的思維，以維護原住民學生教育機會均等。而這也是目前國內研究較少探究的部份，因此本研究原住民重點國民中學教師專業素養包含了：專業知識、專業能力、專業態度、人格特質與多元文化素養。

第二節　補救教學理論基礎探討

　　原住民教育為非主流教育，在教育的過程與結果有諸多不公平現象，原住民教育的發聲大多從公平正義的觀點，追求教育機會均等，甚而能夠達到對多元文化的了解與尊重。因而故本節主要探討原住民教育相關理論，共分為 Rawls 正義論、教育機會均等理論、多元文化教育及多元智能理論共四個部分。

壹、John Rawls 正義論

　　John Boardley Rawls 生於美國馬里蘭州的巴爾的摩，是世界著名的政治哲學家，其著作最為政治學界矚目的就是 1971 年的《正義論》(The Theory of Justice)。《正義論》是集 Rawls 二十年思想菁華的傑作，他為當時死寂的政治哲學注入新的生命力。Rawls 希望建立一套足以取代功利主義(Utilitarianism)的正義理論，Rawls 相信正義是社會首要德性，也就是說社會制度正義與否?就是評價社會制度的第一標準。Rawls 認為正義的基本課題(the primary subject of justice)就是社會的基本結構(the basic structure of society)雖然我們有各式各樣的準則去評價社會制度，如經濟效率、大多數人利益等，但最重要的還是正義原則，正義就是公正與公平(fairness)，一個理想的政府不能以效率或是多數的利益去壓迫正義之要求。

茲將 Rawls 正義論的重要理念分述如下(整理自羅爾斯與正義論，五南，2010)：

一、社會基本結構

Rawls 認為社會就是讓一個自由而平等的人們得以進行合作的場所，而人們之所以願意進入社會是因為人們覺得生活在一個社會下比完全獨立的個體要來的好。在社會中我們的生命受到保障，經濟生產效益透過分工而大大提升，大家為了共同的利益而合作組成的組織，形成了利益的一致性(the identity of interest)，但同時也引發了利益衝突，每個人都希望能多獲得成果而減少負擔，這時候就需要正義原則去決定如何分配結果。社會基本結構就是社會中最為重要的，負責分配根本權利和責任、社會合作成果的政治和社經制度，它包括政治上的憲法、經濟和社會制度等所組合形成的一個體系。每個人從出生、成長到死亡都一直生活在社會中，而社會的運作又歸基本結構所規範，因此我們的人生受社會基本結構的設計深遠影響，社會基本結構決定了人們自由選擇的空間。

社會結構中包含各式各樣的社會位置，而政治制度及社經環境會令身處不同社會位置的人們，對他們的人生有著不同的期望，社會制度會偏向某一社會階層的人，如富人和具有優勢地位的人他們的小孩在社會中更具有優勢，Rawls 認為這是嚴重的不平等，需要透過正義原則恰當指派義務、分配基本權利、經濟機會和社會條件，從而緩和甚至解決這種社會的不平等。Rawls 認為如不優先處理社會基本結構的正義問題，個人的行為正義問題就不能談，例如我們認為偷竊是不正義的，是因為他不經他人同意將他人私產占為己有，但如果社會沒有設計任何產權制度，偷竊是不正義的就不會存在。因此社會基本結構是評價個人或組織的行為提供了所需的環境，這就是為什社會基本結構是正義的優先基礎。

二、無知之幕

Rawls 的正義原則是自由與理性的立約者在原初立場(original position)用來考量個人利益的原則。「原初立場」是一個虛構的訂約情境。在此情境下的個人均被假定為自由平等的道德人，稱為「訂約者」。這些「訂約者」乃處於「無知之幕」，他們無從知道自己所將具備的稟賦、才能和性格，也無從知悉未來所屬的種族及性別等，而

訂約者必須對訂約立場中的各項選項作一選擇。由於訂約者均是自由平等的，而且在無知之幕的狀況下，無從事先為自己的利益打算，所以訂約的立場是公平的，在此公平的狀態下所做的抉擇也是公平的。所謂無知之幕，就是假設立約者在原初立場中不知道某些特殊事實：不知道自己的社會地位，階級或社會身分；也不知道自己的自然資源、稟賦、能力和體力；也無人知道自己的價值觀，特殊的理性生命計畫；甚至不知道自己的心理特點。除此之外，立約者也不知道自己的社會特殊處境，也就是說，他們不知道自己社會的政治和經濟情勢，也不知道自己社會的文明水準和文化成就；也不知道自己是屬於哪一個世代（林火旺，1998）。

　　無知之幕是決定正義與否的一個理想情境，換言之，我們在決定一個制度或政策是否合乎正義時，應該盡可能讓自己處於接近無知之幕的狀態，雖然在現實的狀況下是不可能產生的。

三、正義的意涵

　　正義就是決定怎樣分配基本自由和權利，以及如何分配社會合作中所產生的成果和負擔才算恰當，一套社會制度不應對人做任意區分，並以此做為分配的依據，分配必須要公平，要符合正義的條件與正義的原則。

(一)正義的條件

1.客觀的條件：

　　指物質資源的適量缺乏，在這樣的情況下如不進行合作，資源不足以滿足個人需求，透過合作可以提高效能和生產力，以解決或緩和資源不足問題，如資源過剩則無需要合理分配的問題，但如果資源過少合作難以穩定持續進行，因此資源適當匱乏使得合作及合理分配合作成果與共同負擔變得有可能及必要。

2.人的多樣性：

　　人們為了共同的利益使合作變的可能及必須，但同時每個人會發展出各自的價值觀與人生計畫，而與其他人對資源如何分配產生衝突，這時就需要正義原則去解決調和這些衝突。

(二)正義的原則

　　正義必須符合以下三個原則

1.機會均等原則：確定社會上所有的機會都是平等開放給所有的社會成員。

2. 個別差異原則：讓社會中處於最不利地位的成員獲得最大利益，社會財富在分配時
應考慮最不利地位之人的最大福祉，此乃「最低得最大原則」(Maximin Rule)，在
此原則下社會分配的不公平是可以接受的。

此二原則在適用上有其優先順序，第一原則優先於第二原則。意即不得以改善社
會及經濟的不平等為由，而侵害各項平等的基本自由權；其次不得為使處境最不利的
成員獲致最大的利益，而限制或阻礙了某些人或團體公平參與職位或地位的競爭。

Rawls 以機會均等為基礎，希望透過再分配與補償程序，使弱勢成員能取得較平
等的地位，在這樣的原則運作下，才會產生公平正義。原住民教育不管在教育的過程
和結果都是屬於弱勢，依照 Rawls 的正義論原則在不妨礙教育機會均等的原則下，應
該給予社會中最不利地位的成員獲得最大利益，如此才符合公平正義法則。為了使不
利地區的人民之利益獲得維護以及弱勢照顧之實施，可積極減少個人因為先天或後天
環境因素對能力發展的限制，這正是社會正義的體現（殷堂欽，1995）。因此，政府
在原住民區投入大量的經費與資源，希望協助原住民區學童擺脫教育的弱勢，使公平
正義得以伸張。

鄭崇趁（2009）指出「社會正義」論的核心論述是：正義即公平；在形式正義裡，
社會的正義是法律之前人人平等（均等原則）；在實質正義裡，社會的正義是弱勢族
群得到最大的助益（差異原則）。因此，在教育的作為上應實踐教育的四大趨勢：全
民教育、標準教育、多元教育以及卓越教育（均等原則），並優先關懷弱勢族群學生
的教育，實踐教育措施符合公正及公平（差異原則）。

基於社會正義論之核心價值，學校對於學業低成就之弱勢學生更需要投入更多的
心力，以符合公正公平的均等原則，做最大的「補償教育」，以引導學生學習興趣，
激發學生學習潛能，提供學生成功機會，讓他們有向上層社會提升的可能，以符合社
會正義的差異原則。

貳、教育機會均等理論

教育機會均等理念的實踐，是各國政府與教育界致力追求的目標，也是我國的教
育重點之一。1997 年提出的「中華民國原住民教育報告書」，是為了積極推展與提
昇原住民教育的品質，充分開展原住民教育的特色，不僅著重推動弱勢族群的補償教
育，更強調多元文化的落實，希望能真正落實教育機會均等理念。

一、教育機會均等的意義

　　教育機會均等概念源自英國、美國等國家，在英國主要是因階級差異，在美國則是因為種族差異所造成的教育機會不均等，而教育機會均等是衡量一個國家教育是否進步的評量標準；教育機會均等之訴求主要係以消除或減輕因社會階級、性別、種族、甚至宗教信仰差異等因素所造成的人生機會（life chance）之不均等，最終以追求眾人所嚮往的「理想生活」（good life）為標的。是以，自始至終教育機會均等的追求本質上都是一種「手段」，而非「目標」(沈姍姍，1993)。

　　美國學者 Coleman(1968)提出，教育機會均等應包涵四要素：1.要提供免費教育到一定水準，以使受教者獲得基本的勞動能力；2.不論兒童的背景如何，都要提供他們共同的課程；3.使來自不同背景的兒童進入同一學校就讀；4.同一學區內的教育機會要絕對平等。

　　國內陳奎熹(1996)將教育機會均等的定義界定為「每一個人均有相等的機會接受教育，且在教育的過程中，應在同等的條件下接受適性教育」。楊瑩(1994)則提出教育均等有兩概念：1.每一個體應享受相同年限、共同性、強迫性的基本義務教育，不因個人家庭背景、性別或地區之差異有所不同；2.每一個體應享有符合其能力發展的教育，此教育為非強迫性，但應含有適性發展的意義。

　　Coleman 認為要達成平等最好的方法就是，減低不平等，增加每一個人的機會，減少不均對成人生活的影響力。而教育機會不平等表現在後天差異方面，如父母社經地位、種族差異、性別差異、入學選擇機會、地區開發程度及資源分配等，是必須消除的，才能達成平等的精神。教育機會均等指每個人都有相同的就學機會，且接受教的過程中能夠接受相同的教育過程，以發展個人之潛能，而教育的結果受限於個人先天條件與努力不同，應該在符合社會正義的原則下得到應得的教育結果(引自蔡文山，2004)。

　　綜合以上各學者觀點，教育機會均等是各國教育進步的指標之一，也是各國教育追求的理想，教育機會均等不僅僅是被動地給予入學機會的均等，同時也應重視受教過程及教育最終結果的均等，透過積極性的差別待遇以達到教育機會均等，其目的在於讓每個人在除了受教育機會均等外，更能發揮其潛能適性發展。

二、教育機會均等的演進過程

　　Coleman(1968)發表的 "The Concept of Equality of Educational Opportunity" 的論文中，闡述了「教育機會均等」這個概念在美國至少經歷了五個階段的演進。這五個階段是：

(一)平等得到（equal access）：

　　在此階段，教育機會均等指的是人人均能免費得到某個程度的學校教育，且此程度已足以進入勞力市場。雖然平等獲得教育的概念會隨社會不同而異，但此概念與工業革命（industrial revolution）的發展有關。工業化使得家庭失去了教育及經濟的功能，而工廠也需要有相當教育程度的人力。依此概念，教育機會均等是以有多少人能獲得某種程度的學校教育來衡量，而不平等的程度就是看有多少人被排除在學校教育之外。

(二)共同課程（common curriculum）：

　　這是指所有的學生，不論背景都能在學校得到同樣課程的教育。當美國普遍實施免費公立學校教育後，這樣的學校即教授同樣的課程。直至廿世紀中期，美國在種族隔離制度下，也依此觀念維繫著所謂「隔離但平等」（separate but equal）的教育體系。1918 年時，美國 National Education Association 即對共同課程的政策提出了質疑。他們認為當時學校所提供的共同課程是為了少數上大學而設計的課程，對於大多數不上大學的學生來說，這種課程不符需要，反而是一種教育的不平等。

(三)多元課程（differential curriculum）：

　　這是指中等學校提供綜合課程，包括了為上大學準備、一般及職業等課程。理論上，這種課程設計，可以不論學生背景，提供學生選擇最適合他們職業目標與興趣。有學者稱此為 "Shopping Mall High School"。這種教育體系的變革因應了美國在廿世紀上半葉，移民人口的增加、技術與經濟體系的轉型，以及童工的法律限制等社會潮流。此種變革也是因應前述對共同課程的批評，假定並非所有的學生都能從以學術導向為主的共同課程中得到益處。但此綜合中學的設計，很快的就產生了「分流」（tracking）的制度，也甚至影響到了小學的課程設計。

(四)消除隔離的學校教育（desegregated schooling）：

　　1954 年美國在最高法院判決「隔離但平等」的教育體制是不合法的情況下，歷經了重大的變革。在過去，教育機會均等強調的是資源投入（inputs）的均等（如免費入學、共同或綜合課程、同等設備及資源等），但在最高法院判決中，開始強調教

育結果（outcomes）均等的觀念。雖然在當時，主要關心「結果」的是心理層面如自尊與偏見等，但也逐漸擴展到學習成就的面向上。

(五)結果的均等（equality of results）：

　　指學校教育在學生投入（背景）不同的條件下，能達到教育結果相同的程度。1966年 Coleman 等人在美國國會任命下研究發表的 Equality of Educational Opportunity 中，有系統的檢視了教育機會均等概念與學校教育相關因素，其中與教育「結果」有關的包括：

1.當學生背景及能力相同時，是否有些學校比較有效能（effective）？

2.在學生背景與能力不同的情況下，學校能夠克服或減少家庭影響的程度。

　　由此可以看出教育機會均等由剛開始的教育機會的獲得，逐漸發展到個體如何獲得適性的教育，最後發展到如何克服各種障礙以達到教育結果的均等。

　　而國內學者林清江(1983)將教育機會均等的演變分成三個階段

(一) 重視入學機會的均等。

(二) 重視最低受教年限的實施，並要求各類背景的學生能在相同的學校受教育，接受相同的課程，並享有相同的教育資源。

(三) 重視受教育過程的機會均等。

　　另外楊振昇(1998)認為教育機會均等理念隨者時代演變可分為以下三個階段

第一階段：重視就學機會的平等與保障。

　　主要在消除因家庭社經背景、性別、種族、身心特質、宗教等等因素而存在的不平等，希望使學生皆擁有接受教育的同等權利，以達到「有教無類」的理想。

第二階段：強調適性教育。

　　由於學校環境、課程與師資大多是為一般的學生所設計，因此，身心障礙或資賦優異的學生往往無法得到應有的指導與協助。基於此，此一階段強調學生的適性教育，以發揮「因材施教」的功能。

第三階段：實施補償教育（compensatory education）。

　　相關研究指出，學習成績低劣或學習失敗的學生，多數來自下層社會，且多肇因於早期生活經驗的不足，形成文化不利（culturally disadvantaged）以及文化剝奪（cultural deprivation）的現象；故本階段乃著眼於補償的角度，對於不同需求的團體，

在基於正義與公平的原則下，教育資源的投入應有所不等，這也就是所謂「積極性差別待遇」（positive discrimination）。

　　教育機會均等是否落實，是一個國家進步與否的衡量指標之一，在國民教育階段是屬於強迫教育，原住民學生的入學的機會獲得保障，但進入學校之後原住民學生有否獲得友善的照顧與尊重又是另外一回事，原住民區學生上學路途遙遠、師資流動率高、師資不合格比率偏高(代課老師多)，雖然近年在教育優先區投入大量的經費改善軟硬體部分，但學校大部分的課程與活動大都是為主流族群而設計的，造成原住民學生不熟悉自己文化也無法有效學習，表面上看起來所有原住民學生大部分也都升上高中職校就讀，但仔細分析原住民學生所就讀的科系或學校都是屬於比較低的類科或學校，到達就業階段原住民所從事的工作大都屬於低階的勞力工作，因此就教育的結果而言，在原住民教育仍然無法造成階級流動，亦即在教育機會均等的部分還有一段路要走，需要從適性教育與補償教育方面多所著力，這也就是本研究為什麼要探討原住民區的教師素養與補救教學之原因。

叁、多元文化教育

　　多元文化起源於弱勢族群的意識覺醒，由於臺灣近年來民主化和經濟的蓬勃發展，以及國際化的趨勢也越來越普遍，因此，與世界各國文化互動和交流的經驗頻繁，甚至在國內不同的弱勢族群文化抗爭，因而產生很多文化上的交流或衝擊，多元文化的理解和教育有助於學校教育的正常化與社會的和諧。多元文化指涉及了文化中的同與異，以及優勢、弱勢等概念，而其置於社會結構中所探討的重點則涉及階級、性別、族群等是否平等的問題。

一、多元文化的起源

　　多元文化教育的興起與歐美國家在 1960 年代開始盛行的「民族復興運動」（Ethnic Revivalization Movements）有密切關係。在此之前，西方國家對於社會中的少數民族採取同化主義，意圖透過教育的手段使社會中的每一個成員或群體達成共同的社會目標，以融入一個共同的文化之中。在發現此一種族中心主義的態度已無法解決多元文化社會中的問題之後，西方學者開始省思，這種強迫非主流文化放棄與原生文化的聯結，完全融入單一主流文化的作為，不僅造成社會分離，更使得社會衝突加劇。

　　美國在 1960 年代的民權運動和婦女解放運動中開始發跡，當時的黑人及其他族群要求課程內容要有效的反應其種族的歷史、文化和經驗，不應提供以白人為中心的

教材。緊接著，低收入族群、身心障礙族群、文化不利族群也紛紛要求教育均等，使得多元文化教育日受重視，在課程上逐漸呈現多元性，而學校文化也要反映不同學生文化背景，教師也要發展不同教學方式來適應不同學生的需求。其主要訴求為反抗主流文化的霸權及制裁，要求正視多元文化問題，並解決制度壓迫及不均等等問題，但並不是每人都相信多元文化的價值，有人認為過分強調族群，不容易建立國家認同。

相較於美國臺灣對於多元文化教育的探討為時較晚，臺灣大約在 1990 年代開始出現「多元文化教育」一詞，但臺灣早期即有多種不同語言及文化的原住民族群(16族群)，17 世紀後歷經漢民族及多國(荷蘭、日本等)經濟與文化殖民統治，二次大戰後又有隨國民政府遷移來臺所謂的外省族群，因此台灣社會早就存在閩南、客家、外省、原住民等四大族群，以及 1992 年因為經濟因素實施「就業服務法」引進外籍勞工來台工作，或因婚姻來臺新移民女性新移民族群，已逐漸成為臺灣的第五大族群，根據內政部 2005 年的統計，我國外籍與大陸配偶的人數已高達 33.8 萬人。臺灣早已形成多元族群的社會，臺灣居民已有相當多人擁有雙文化的家庭背景，並歷經多文化的學校社會生活(王雅玄，1999)。

二、多元文化教育

(一)多元文化教育意涵

多元文化教育是學校提供學生各種機會，讓學生了解各種不同族群文化內涵，培養學生欣賞其族群文化的積極態度，避免種族的衝突與對立的一種教育。多元文化教育透過真實、多元的觀點，以全體學生為對象，配合不同文化背景學生的需要，使各族群的學生獲得平等的學習機會，並引領學生察覺族群差異，並理解族群差異所導致的種族、文化、性別、宗教及階級偏見與歧視，建立正向的態度，培養批判分析的能力，協助思考、選擇、決定社會行動，並導向社會的公平與正義(張美瑤，2009)。廣義的多元文化教育希望透過學校的改革，促進社會正義與公平的一種教育方式；狹義的多元文化教育為尊重差異的一種泛文化學習教育。(譚光鼎、劉美慧、游美惠，2012)

(二)多元文化教育內涵

Bennett(2003)認為多元文化教育下包含四個面向：（1）它是一種運動，是追求教育卓越的運動，目的在促進教育機會均等和公平性，使不同族群都能公平地接受教育。（2）它是一種課程設計途徑，以所有學生為對象，將多民族與全球的觀點統合於傳統課程之中，教導其有關民族團體與國家的文化差異、歷史和貢獻，以及過去的

各種文明。（3）它是一種過程，藉以發展個人的多元文化性，促進個人以多元方式知覺、評鑑、信仰和行動，理解和學習去面對文化多樣性，去接納欣賞不同文化的人所具有的差異。（4）它是一種承諾，透過適切態度和技能的發展，來對抗種族主義和其他各種形式的歧視。

　　而 Banks 則提出多元文化教育需涵蓋三個層面：（1）它是一個觀念、概念，主張所有的學生不論其所屬的種族、性別、社會階級或文化特質，在學校中都應該獲得平等的教育機會。（2）它是一種教育改革運動，多元文化教育希望藉由反應不同文化和不同族群社會，帶動學校及其他教育機構的改革。其改革範圍包含整體的學校或教育環境，而不單只是正式課程而已。（3）它是一種持續不斷的過程，因為它期望要達成的理想目標，像是提供均等的教育機會和根除各種形式的歧視等，在人類社會中是無法充分實現的，唯有透過教師及教育體系長期的努力才能往理想靠近（引自黃政傑，1995）。

　　教師多元文化教育應注重教師自我批判反省能力的提升，引領教師對自身的文化知識與教學實踐進行批判與反省，跳脫主流文化的意識形態，在壓制性的教育政策下實踐文化回應性的教學，建構多元文化教育實踐，檢視因社會結構所衍生不符合社會正義的問題，進而採取務實的社會改革教育行動(王雅玄，2007)。

三、多元文化教育的目的

　　Nieto(1999)提出多元文化教育除了強調尊重差異，挑戰霸權，批判不平等的權力關係，此外也強調社會轉變的實踐能力，進而達到社會正義。多元文化教育的目的在於改變學校的文化與結構，使不同文化背景的學生在學校中都有公平的學習機會(Banks,1988)。多元文化教育主要在於提供一個機會均等的教育環境，其目標包括：維護教育均等的精神、提升弱勢族群學童的成就、瞭解與支持文化多樣性、培養群際關係和培養增進與社會行動能力。因此，期望能透過整體教育制度及社會的改革，賦權給於每一個人、每一個文化族群，讓每個人都能體會並欣賞社會的「多元」和「差異」之美(許雅惠，2004)。

　　張美瑤(2009)認為多元文化教育的目的包含：1.維護教育機會均等 2.提升弱勢族群學童的學業成就 3.了解與支持文化的多樣性 4.培養群際關係 5.培養增能與社會行動力。各族群如何在一個無歧視的理解與平等競爭的地位，在保有對自身文化的認同

與尊嚴上，對於異族群的文化予以裡解、認肯並欣賞，是身為世界公民必備的基本能力，也是多元文化教育所追求的目標。

教育工作者在實踐多元文化教育的工作時，可從以下所敘述的面向，去思考（陳枝烈、陳美瑩、莊啟文、王派仁、陳薇如譯，2008）。

（一）內容的統整：

教師在教學時，與教材相關的重要概念、原則或理論，可以應用各文化或族群的例子或內容加以說明。

（二）知識建構的過程：

在學科中所隱含的文化假定、參照架構、觀點與偏差，教師有義務幫助學生去瞭解和探討它們是如何影響知識建構的方式。

（三）降低偏見：

學生會帶著對其他族群的負面態度來到學校，教師要採用合適的教材或活動，發展學生正向的想法，修正其偏見。

（四）均等的教學：

對於不同族群、性別或社會階級的學生，教師要隨時分析或修正自己的教學方式，根據他們的背景和特質，因材施教。

（五）增能學生的學校文化：

學校中的全體教職人員，都必須參與改造學校組織的工作，以創造出不同族群、性別或社會階級的學生增能的學校文化。

四、教師多元文化素養

缺乏多元文化素養是國人面對多元文化教育最大的瓶頸，特別是教師無法跨越文化差異的藩籬，教學過程中教師容易不自覺地進行自身的文化再製（何青蓉，2003；陳美如，2001；陳憶芬，2001）。要成功地實施多元文化教育教師扮演著關鍵的角色(陳枝烈，1999；Banks,1993)。因為教師所知覺與運作的課程，無不影響著學生所經驗到的課程，教師如何地解讀、詮釋與轉化課程、教科書、教學素材內容所傳達的觀念與意識形態，在教學過程中十分重要。並非每個族群所持有的知識與價值信念都能被納人學校課程，因此，課程設計發展過程是價值判斷、文化選擇的歷程，其結果將導致不同族群價值觀念、文化勢力與世界觀的消長(何青蓉，2004 ;陳美如，1998 ;湯仁燕，2000)。

　　教師多來自中產階級主流文化，會不自覺的以主流文化觀點、詮釋與回應學生的行為(吳瓊汝，2007)。教師未能善用當地原住民學生的文化經驗，詮釋學科知識，導致原住民學生無法在基礎教育上獲得有效學習，甚至懷疑自我學習能力甚而逃避學習，並對自身文化產生自卑感(陳逸君，2004)。所以欲達到教育理念的實踐，僅就正式課程的改革是不夠的，如果教師對不同文化團體抱持負面的態度或信念，空有多元文化的教材也難有實質效果。因此，教師本身必須充實多元文化素養，才能對潛在課程進行反省、對文化霸權進行批判、從文化相對論的省思來提升文化敏感度、修正教室對話(王雅玄，1999；陳美如，1998；陳伯璋，1998)。具有多元文化素養之教師在其教學中，便會透過潛在課程傳達給學生，更可能由於教材內容與老師所表現出來的價值觀不同，而使得學生無法真正的理解多元文化教育的內涵。

　　林意雪(2013)多元文化素養包含了對社會結構及因果關係的體認及識別能力，而不僅是一種對他人文化的認識而已，進而能容忍或接納差異，同時多元文化素養還也包括了對社會複製與文化霸權等問題識別的能力，多元文化素養的內涵，包含「知識」、「覺知」及「行動技能」三個層面。王雅玄（2007）就認為多元文化素養強調在多元文化社會中關切族群、語言及文化之間的權力關係。處於多元文化社會不必然會帶來對多元文化的瞭解，對多元文化知識的瞭解也未必能夠覺察到權力落差及不公正的情境，而覺察之後又必須習得介入及行動的技能，才能落實多元文化素養。多數教師在課堂上強調「一視同仁」、「教室無族群論」著重「我們都一樣」的概念，不因學生的文他差異而給予積極性的協助。這種刻意忽略「文化差異」的思維，反而容易使教師落人「文化差異色盲」的陷阱，看不到學生的主體性，忽略因社會文化權力結構所造成對非主流文化族群學生學習上的不公平待遇，而難以落實文化回應的教學原則 (王雅玄，2008) 。難以跳脫「我族中心」的思維，缺乏將理論轉化為行動的智慧，以致甚少能做到文化回應教學(吳雅玲，2007)。

五、多元文化教育與社會正義

　　如將社會正義視為對社會、政治與經濟不公義現象的矯正，多元文化教育強調文化尊重與政治平等，致力於社會階級的消弭，以去除對異族群的壓迫與不公義的事實，並強調國家共同文化與各族群的文化特性得以各自發展且相互調和共榮。

　　研究顯示，在求學階段，許多中下階層的子弟比上層子弟更容易遭遇失敗(National Center for Education Statistics, 2001; Weissbourd,2009)。文化再製理論中，

學校教育內容為宰制階級所制定，對於弱勢階級學童而言，因為學習場域性涵養不足，在加上家庭給予文化資本不豐富的情況下，弱勢階級要去適應與競逐由宰制階級所形塑之學校場域有其困難度，而社會經濟背景較佳的孩童，在家庭的社會化過程中所習的文化資本較具有競爭優勢，因此它們在學校的適應力及學業成就都比較高，因此造成的一種階級固化的作用。Bishop 和 Glynn(1999)之研究發現來自於少數族群與貧窮社會階級的學生，相較於其他同學在學校的教育表現上顯得較差；另外在北美，低成就、輟學與學生行為問題亦大部分發生於少數族群的學生（McBride & McKee,2001; Nieto,1999）。因此，學生的族群、社經背景、文化等因素影響著學生的在學情況與學習成效。

Nieto 和 Bode(2008)認為，多元文化教育應致力去除校園中的歧視，肯定學校師生及所在社區於種族、族群、文化、性別、宗教、經濟、語言等各個面向的多樣性，並以批判教育學為哲學基礎，進行認知、反思與社會改革的實踐，以促進社會正義的民主根源。教師若缺乏批判意識，則學校教育將成為宰制族群箝制師生思考的工具，其結果必然是以宰制階級的文化視野與價值觀，迫使其他族群拋棄自身的文化，進而落入文化斷層的命運(陳美如，2000 ;湯仁燕，2000)。

各族群成員如何求得一個無歧視的理解與平等競爭的地位，在保有對自身文化的認同與尊嚴上，對於異族群的文化予以理解、肯認並欣賞，則不僅是身為世界公民必備的基本能力，也是多元文化教育努力追求的理想目標。多元文化教育主張以肯認並尊重各群體文化為基礎，以遂教育機會均等之教育正義的實現。目前原住民仍然不是教育的主體，而是主流文化的附庸，多元文化的理念與落實在原住民教育是一個重要的課題。

肆、多元智能理論

承上所述原住民由於文化衝突與文化剝奪，導致在主流文化系統中學習表現不如漢人，因此常被汙名化歸類為不認真或不優秀的民族，而多元智能理論說明了，所謂的優秀與不優秀都只是文化宰制者的霸權心態。Gardner(1993)認為智能是看不見，也是無法測量的。它可能是許多不同神經方面的潛能。這些潛能也許會，也許不會被激發，要看該特定文化的價值觀、該文化所提供的機會，以及個人受自己、家庭、教師和他人影響所作的決定。多元智能理論被稱為善良理論，因為它不但破除傳統人類對

智力的分類觀點，同時更帶給老師、家長與學生在教學「新」的希望(引自田奈青，1999)。

　　由於傳統的智慧理論太過狹隘且不符合事實，美國學者 Gardner 突破傳統對智力的概念，而提出以更寬廣更貼近真實生活情境的多元智慧理論，認為智力不應是單一的而是多元的，Gardner(1991)曾深切的指出：大多數學校都只強調語文和邏輯數理這兩種智能，而忽視了其他智能的重要性，因此、我們把許多無法表現這兩種智能的學生，歸類成「笨」學生(陳瓊森、汪益譯，1995)。Gardner 認為智能是「一種處理訊息的生理心理潛能(biopsychological potential)，這些潛能在某種文化情境中，可能被激發來解決問題或創作該文化所重視的產品(李心瑩譯，1990)。」也就是把智能定義為「解決問題之能力，或在某文化情境中創作其所重視的產品之能力」，因此智慧並不適靜止不動的，智慧也不全然受遺傳決定，環境對人類智慧的影響更深更廣；且智慧應該和解決問題及人的生活情境有關，也就是在實際生活中解決所面臨問題的能力；能發現或提出新問題並加以解決的能力；對自己所屬文化做有價值的創造及貢獻之能力(郭俊賢、陳淑惠譯，1998)。

一、多元智能的類別

Gardner(1995)提出八大智慧包括以下(陳瓊森譯，1997)：

(一) 語文智能(linguistic intelligence)：

　　指有效運用口頭語言和書面文字以表達自己想法和瞭解他人的能力。包括把語言文字的聽、說、讀、寫運用自如的能力。這種求知的方式是透過書寫、口語、閱讀等各個語文層面的正式系統。

(二) 邏輯數學智能(logical－mathematical intelligence)：

　　指有效運用數字和推理的能力。包括能計算、分類、分等、概括、推論和假設檢定的能力，及對邏輯方式和關係、陳述和主張、功能及其他相關抽象概念的敏感性。這種求知的方式是透過尋找和發現型態的歷程、以及問題解決的歷程。

(三) 視覺空間智能(spatial intelligence)：

　　能以三度空間來思考，準確的感覺視覺空間，並把內在的空間世界表現出來。包括對色彩、線條、形狀、形式、空間和它們之間關係的敏感性，以及能重現、轉變或修飾心像，隨意操控物件的位置，產生或解讀圖形訊息的能力。

(四) 肢體動覺智能(bodily－kinesthetic intelligence)：

善於運用肢體來表達想法和感覺，運用身體的部份生產或改造事物。包括特殊的身體技巧，如彈性、速度、平衡、協調、敏捷，及自身感受的、觸覺的和由觸覺引起的能力。

(五) 音樂智能(musical intelligence)：

能覺察、辨別、改變和表達音樂的能力。包括對音調、節奏、旋律或音質的敏感性，及歌唱、演奏、作曲、音樂創作等能力。

(六) 人際智能(interpersonal intelligence)：

覺察並區分他人情緒、動機、意向及感覺的能力，即察言觀色、善解人意。包括對表情、聲音和動作的敏感性，辨別不同人際關係的暗示，對暗示做出適當反應，以及與人有效交往的能力。

(七) 內省智能(intrapersonal intelligence)：

正確自我覺察的能力，即自知之明，並依此做出適當的行為，計畫和引導自己的人生。包括了解自己的優缺點，認識自己的情緒、動機、興趣和願望，以及自尊、自省、自律、自主、達成自我實現的能力。

(八) 自然觀察者智能(naturalist intelligence)：

對生物的分辨觀察能力，如動物、植物的演化；對自然景物敏銳的注意力，如雲、礦物、石頭的形成；以及對各種模型(pattern)的辨認力，如古物、消費品的創作。

二、多元智慧理論的基本特質

(一)每個人都具有八項智能

任何人均具備語文、邏輯—數學、空間、音樂、肢體動能、內省、人際智能及自然觀察智能等八項智能，大多數人在這些智能的發展上會有些差異，只是有些智能較發達，有些普通，有些較不發達。在學校我們大多偏重語文和邏輯數學智能，因此對這兩類智能較差的學生進行補救教學，是忽略了學生在其他智能的表現，教師應提供多元的教學活動或方式以適應不同學生的需求。

(二)大多數人的智能都能達到某種充分水準

Gardner(1995)認為的智能受先天及後天的影響，對於某些弱處人們消極面對因而弱化。如果給予適度的鼓勵與指導，每個人都有能力使八大智能發展到適度的水準。但是我們在成長的過程中，可能受到來自社會文化、家庭、學校或本身麻痺化經驗(paralyzing experiences)的影響，而阻礙了某些智能方面的發展(李平譯，1999)。

(三)智能通常以複雜的方式統整運作

　　依據 Gardner 多元智能理論，每一項智能都不適獨立存在的，只是為了說明才予區分這八大智能，其實在日常生活中，它們並非獨立存在，同時每個人均有各自獨立的智能組合，而是以複雜的方式統整運作，來達成目標或完成任務。

(四)每項智能都有多種表現的方式

　　指每一項智能的表現的管道有很多種，並非每個人對該領域的各項管道都有很好的表現。強調人類是以豐富的方式在各項智能之間，表現其特有天賦才能。例如：一個人可能作文能力不佳，但語文智能很高，因為他能講生動的故事；有的人可能不會彈奏任何樂器，但音樂智能極佳，因為他有一口好嗓子。然而，我們經常把只有語文或邏輯數理智能的某一方面較差的學生，視為學習困難的學生，而忽略其他方面的表現。

(五)智能受後天因素的影響

　　每個人受到先天及後天因素的影響導致各智能表現程度各有不同，其中後天因素的影響更重於先天因素的影響，後天因素的影響包括文化背景因素、個人成長因素以及明朗化經驗(crystallizing experience)和麻痺化經驗(paralyzing experience)而增強或減弱(李平譯，1995)。其中文化因素包括個人出生和成長年代、地點及各個面向上，以及文化獲利及發展的本質之因素。個人成長因素：包括與父母、老師、同學、朋友等個人成長之重要他人相處經歷。個人天生長才常因家庭因素限制、或遭遇師長、朋友之不同，而無法做有效之發揮。明朗化及麻痺化經驗是指如同行為主義之增強與削弱作用對行為的影響，同時也對智能的發展產生消長的衝擊。

(六)智能並非固定的，是可以教導、學習和提升的

　　過去我們認為智能或多或少受遺傳因素決定，是固定不變的，並未考慮到環境、社會和文化因素。Gardner 把智能看作是一組能力，並隨著人的一生持續擴展與改變。因此我們可以透過學習、練習，在各方面和各層次變得更有智能。

三、多元智能理論對補救教學之影響

　　Gardner 多元智能理論，除了打破傳統對智能理論的迷失外，同時也對教學帶來了希望和方法途徑，其對於補救教學之影響說明如下：

(一)開創教育的可能性

　　每個人都具有八項智能，而且大多能達到某種充分水準，八大智能受到後天因素的影像更勝於先天因素，智能可以透過教導和學習而提升，誠如 Armstrong 所言，所謂學習困難或障礙的學生，他們只是學習方式上的差別而已，這種積極肯定人類充滿

無限可能，讓教師對學生保有一種正向的期待，讓教育不再是進行一種不可能的任務，若是教師能在後天的因素做合理的安排，都將使學生得到最好的表現。

(二)理論與教學相切合

　　以往的理論模式都是流於理想空洞，很少能夠在實際教學現場得到驗證，而Gardner 認為「每一項智能都有多種表現方式，人們會以各種符號來傳達意念」，亦即任何科目學習均可以用多元智能管道來學習，因此教師可以根據學生的優勢智能設計學習的方法，讓教學更加有效果。多元智能取向的補救教學，可以培養和發展兒童的優勢智能，並將優勢智能遷移到需要補救的學科學習當中(陳杰琦，1998)。

(三)以學生為中心的學習模式

　　課程應以學習者的智能優勢，作長期且多元的選擇空間。傳統的教學模式是以教師為中心，多元智能的觀點是要去尋找學生優勢智能，傳統補救教學的觀點是針對學生的弱勢強化，而多元智能的觀點是透過優勢智能的學習遷移，教師應利用學生之強項智能來引導學生弱項智能的學習。由於不是所有的學生，都以相同的方式來學習，如果我們要幫助接受補救教學的學生獲得成功，就必須改變傳統的教學信念和方式，盡量做到在教學上尊重學生的個別差異，使教師的教學方法與學生的智能特點互相配合。

(四)教材、教法的多元化、個別化與適性化

　　學生各自擁有不同的智能組合狀況，為了使不同學習方式的學生都能充分發展，教師在教學上應該巧妙的運用多元化的教學方法，亦即不斷的變換強調不同多元智能的上課方式(李平譯，1999)，提供學生多樣化的學習機會。在補救教學上由於班級人數過多，要採取完全適合學生學習需求的方式是不可能的，所以盡量要求教師提供多元的符號與管道來符應學生的個別需求。

(五)真實的評量_

1.教師教學風格自我評估

　　教師在進行補救教學前須自我反省評估，自己平時最常使用哪類的教學策略，先進行釐清自己的強項智能與弱項智能是什麼?

2.學生的動態多元評量

　　強調在教學情境中，直接去評量學生的種種表現。應使用多種評量工具，使評量結果更客觀準確，直接觀察實作中的能力，而不必透過語言與邏輯能力。評量應是長期性的，如學習檔案可以對學生作品長期觀察，鼓勵學生對學習做持續的反省，使學生成為主動的自我評量者。評量也是多向度的，可包括學生自評、同儕互評、家長和

教師評量；除等第或分數外，應有描述性的評語；兼重認知、情意和技能的評量(陳瓊森譯，1997)。

多元智能理論告訴我們補救教學是學習的常態，因為每個學生都有其優勢與弱勢的的智能，因為在傳統的班級教學裡面教師無法符合每位學生的需求，因此產生學習落差，而教師必須透過專業診斷找出學生的優勢智能，進而改變教學方式與學習內容，使學生產生學習優勢遷移提升學習效果。

第三節 補救教學相關理念探討

補救教學是近年來很重要且被關注的重大教育政策，尤其在全球化的趨勢與 M型社會的到來，造成貧富差距急遽擴大、城鄉之間落差陡增，弱勢族群的處境更顯窘困，而補救教學是弭平差距最重要管道。教師的補救教學理念會影響補救教學之成效，然而教師的補救教學理念來自於教師對補救教學之了解與認識，以及教師本身的課程與教學能力所影響。當然也會受到學校情境文化以及學校行政作為所左右。因此本節將探討補救教學方案沿革、補救教學之意涵與精神、補救教學之課程與教學、補救教學成效評估以及補救教學實施現況之探討等五個部分，茲分述如下：

壹、補救教學方案沿革

教育是國家經濟社會發展的重要投資，落實教育機會均等的理想，才能實現社會公平正義。為加強扶助弱勢家庭之低成就學生，以弭平其學習落差，教育部自 1996年起參考英國的作法，於國內推出教育優先區計畫，主要針對偏遠、資源不利之弱勢地區學校為補助對象，希望透過學習輔導彌平教學不足以及解決學生低成就問題。

2006 年度起開始辦理「攜手計畫－課後扶助」方案，利用課餘時間提供弱勢且學習低成就學生進行小班且個別化之免費補救教學。另外針對原住民比率偏高及離島地區之弱勢國中小學生，則是以「教育優先區計畫—學習輔導」對原班級學生進行免費之補救教學。配合十二年國民基本教育推動，鞏固學生基本學力，教育部於 2013 年度起，整合「教育優先區計畫－學習輔導」及「攜手計畫－課後扶助」為「國民小學及國民中學補救教學實施方案」，作為國中小補救教學之單一計畫，將所有學習成就低落的學生列為受輔對象，目的在於縮短國中小學學習成就低落之學生學習落差，提供多元適性的學習機會，以達成「確保學力品質」、「成就每一個孩子」的目標，扶助每一位學習成就落後學生，不因身分別而有差別，彰顯教育正義。

表 2-3-1　歷年補救教學方案彙整表

時間	方案名稱	精神	對象	實施方式
1994	資源教學小組計畫	扶助弱勢學生	低成就	外加方式
1996	教育優先區	關懷弱勢弭平落差	原住民、離島 離島地區	課後學習
2002	關懷弱勢弭平落差計畫	公平正義弭平落差 涵蓋非弱勢地區	低成就 弱勢	補救教學
2003	課後照顧服務方案	解決雙薪家庭照顧兒 童問題	非弱勢需自費	作業指導 生活照顧
2006	偏鄉地區中小學網路課業輔導服務	提升偏鄉地區學習成 效	偏鄉地區中小學	課間或課後 實施
2006	攜手計畫--課後扶助	解決弱勢學生學業成 就低落	低成就 弱勢	課後學習輔 導
	教育優先區計畫—學習輔導	照顧弱勢個人或地區	原住民比例偏高 離島地區	原班級課輔
2008	夜光天使點燈計畫	照顧弱勢彌平落差	弱勢國小學生	課後照顧 夜間課輔
2010	數位學伴線上課業服務計畫	促進學習機會均等	偏遠地區 弱勢學生	由大學生透 過網路學習 輔導
2013	國小及國中補救教學作業實施要點	學習弱勢 公平公正 個別輔導	國英數成績後段 35%之學生	強化課中補 救教學

　　歷年有關補救教學方案的目標或策略雖有不同如表 2-3-1，但其基本精神是一致的，都是希望透過外在資源的補償，彌補弱勢學生起點的不利，以實現「教育機會均等」以及「社會正義原則」的精神。補救教學由原先弱勢學生被動的接受，到考慮到弱勢學生的需求，以更加適性化、專業化來提升弱勢學生的學業成就，並且將補救教學視為每位教師的工作內容之一，亦即每位教師必須具備補救教學的知識與能力。

　　從國內補救教學之演變過程，也可以發現不同時期對於補救教學的著重的地方也不同，補救教學之對象、策略與方法也隨之而異。「補救教學」乃一位教師在同時面對多位學生之下，在教學上無法同時兼顧及配合每位學生的基礎知識及學習進度，因此，在確認學生學習並未達到教師所預設的教學目標，或其學習成就低於其他學生時，教師必須另外再針對這些未達到學習目標的學生採取其他更有效的教學策略，以期這些學生的學習能追上其他學生的水平水準(陳惠萍，2009)。

　　教育部於 2006 年推動「攜手計畫—課後扶助方案」及「教育優先區計畫—學習輔導」，以照顧弱勢地區之個人或地區，乃針對弱勢且低成就國中小學生為主，也就是所謂的「雙低」學生，希望透過補償教育提升學生學業成就以達社會公平正義原則。但自 2013 年起因應十二年國民教育實施，整合國中小補救教學計畫，改以協助所有學習成就低落的學生為主，凡經篩選測驗診斷屬學習低成就者，一律實施補救教學。過去不管是「教育優先區計畫」、「攜手計畫-課後扶助」都偏重在「弱勢補助」，直到 2013 年國中小補救教學計畫才開始真正重視「低成就補救」問題，因此我們不能再用「補助弱勢」的心態來面對問題，而應該要回歸教師教學的專業，來思考與解決學生學習問題(羅寶鳳，2015)。

貳、補救教學之意涵與精神

一、補救教學之精神

　　Ogbu（1983）提出教育最可貴的意義在於發現「某種類型」的學生，在學校教育的過程中有「不成比例失敗的情形」；他進一步指出由於「社會結構的不平等」會產生「不對等的權力關係」，而這樣「不對等的權力關係」，一方面會形成「工作的天花板現象」，另一方面則會分別對「優勢階級」與「弱勢階級」形成「理論」與「信念」，並各自產生在教室內的互動關係，這種「產出」的結果，我們常會發現是某「類」學生有「不成比例的失敗情形」，而這類的族群即為少數或弱勢族群。

　　弱勢學生大都來自家庭的弱勢，其學習和生活適應都比一般學生更為辛苦，根據 Donnelly（1987）和 Rothstein（2008）的看法，弱勢學生來自低社經地位家庭，家庭收入不穩定，家長甚至失業，他們傾向較少參與學校活動，出現較多的行為和紀律問題，導致同儕關係亦不佳，因而較難發展學習企圖心、文化理解和自我信心。

　　Stanovich 就指出補救教學是避免低成就學生與一般學童的差距隨著年齡逐漸加大的唯一方式（引自王世英等，2007）。弱勢學生的學習，源自於本身不利的背景與

外在因素的影響下，產生學習、生活和行為適應的困難，因此如何有效使用補救教學策略，提昇其學習成效，使其再次充滿學習的動機與自信，是輔導弱勢學生學習的關鍵。

　　補救教學主要目的在於關懷弱勢學生，讓學習落後孩子能及早補足課業上的弱勢，透過課業輔導的協助降低學習落差，並提升其學習能力，從中也建立自我的學習態度，且能持續鼓勵其學習之動力，甚至在學習過程中能透過教育擺脫貧窮與落後，以發揮向上躍升的潛在能力。

二、補救教學之對象

　　早期補救教學，都是以特殊學生為主，後來擴及到一般低成就的學生，亦即智力正常，可是其學業成就表現明顯低於其能力水準，或者學生的實際學業表現明顯低於班級平均水準的學生。以往學者對「低成就學生」的界定為：智力正常，但其實際的學業表現明顯低於其能力水準。近期對於補救教學的受教對象，界定為經學業成績考察，其學科成就不及格，且在學業成就的表現上低於其他學生許多者，即視為該補救的學生(轉引自張新仁、邱上真、李素慧，2000)。

　　根據《教育部補助國民中小學及幼稚園弱勢學生實施要點》，所謂「學習成就低落」，乃是指具有下列身分之一者：

（1）全國標準常模後百分之三十五學生。

（2）都會地區以單一學科班級成績後百分之二十五，非都會地區以單一學科班級成績後百分之三十五為指標。

　　2013 年「教育部國民及學前教育署補助辦理補救教學作業要點修正規定」，有關國民中學補救教學實施對象分為：

(一)、一般學習扶助學校：

1.篩選測驗結果，國語文、數學或英語任一科目有不合格之情形者。

2.身心障礙學生經學校學習輔導小組認定受輔可提升學業成就者。

3.其他經學校學習輔導小組認定有需要補救教學之學生，以不超過總受輔人數之百分之三十五為原則。

(二)、特定學習扶助學校

1、符合下列要件之一為特定學習扶助學校：

（1）原住民學生合計占全校學生總人數之百分之四十以上者。

（2）澎湖縣、金門縣、連江縣、屏東縣琉球鄉、臺東縣蘭嶼鄉及綠島鄉等離島
　　地區國民中小學。

（3）偏遠地區學校，其住宿學生總人數占全校學生總人數之百分之三十以上
　　者。

（4）國中教育會考學校成績待提升之學校：國中教育會考國文、英語、數學三
　　考科任兩科成績「待加強」等級人數（含缺考）超過該校「應考」人數百
　　分之六十五以上之學校。

（5）法務部矯正署所屬少年矯正學校及少年輔育院。

2、學生應符合一般扶助學校所列各年級之學習低成就條件。

3、其他經學校學習輔導小組認定有需要補救教學之學生，以不超過總受輔人數
　　之百分之三十五為原則。

4、經學校評估得改採一般扶助學校方式辦理，惟僅能擇一申請辦理。

　　本研究對象為原住民重點國民中學，是屬於特定學習扶助學校之原住民比例偏高之學校或會考成績待提升之學校，原住民學生由於文化剝奪與文化衝突，在主流文化的教育競爭中，形成學業低成就的弱勢族群。陳淑麗、曾世杰、洪儷瑜(2006)針對原住民低成就學童之研究發現，造成少數族群學習低成就的原因包含社經地位低下、文化差異、語言差異。其中社經地位低下不只是原住民學生家裡學習環境設備差，同時原住民學生還要花時間協助家務照顧年幼弟妹等，沒有能力參加補習，以及家長沒能力協助學生課業，家長對學生沒有太多期望等都影響到原住民學生的學習成就表現。洪儷瑜（2001）研究指出家庭不利、文化殊異及原住民等環境不利因素之弱勢學生，其實在補救教育需求上有其共同性。而第一線基層教師在提升弱勢學生學習成效上扮演重要關鍵的角色。原住民重點學校教師如果沒有對原住民文化背景與處境的認知，針對原住民學生的特殊需求著手，很可能教師就會淪為階級複製的推手，使得原住民學生永遠處於社會的低層無法向上階層流動。

三、補救教學之定義

　　補救教學是指針對未能達成教學目標，或有學習困難的學生，秉持因材施教的原則，提供過性化的教學，協助學生克服學習上的困難，達成預定的學習目標(張新仁，2001）。補救教學係指針對學習低成就、低落或欠佳的學生，實施額外的教學時間，以提升其學習成就的一種教學方式。由於學生具個別差異，學習能力不一，採用同樣

的教材和教法，對某些同學可以學得很有成就，可是某些學生卻成為低成就，這種現象可能跟學生的智力、能力和學習態度有關，就教育的觀點而言，必須採取適切的方法，給予有效的協助和指導，而補救教學被視為一種很好的措施。

補救教學是一種診斷式教學，教師先行診斷學生學習的困難，再針對未達到學習目標的學生採取其他更有效的教學策略，幫助學生達成學習目標，是一種「教學--評量—再教學—再評量」的循環歷程(鄭進斛，2015)。廣義而言補教教學是學習輔導的一環，是學生發生學習困難時，應獲得的一種診斷式教學(唐淑華，2011)。「補救教學」方案，是一項兼具「預防」和「解決」學業困難的具體策略(陳淑麗、曾世杰、洪儷瑜，2006)。補救教學需要針對學生的落後程度來設計不同的補救方案，彈性調整課程與教學活動以確保教育的品質(唐淑華，2013)。學生在每個年級均有應達到的基本能力，補救教學是在對程度落後或學習低成就的學生實施差異化、個別化與適性化的教學以確保其應具備有基本學力(教育部，2011)。補救教學是教師「經過學習診斷，了解低成就學生的學習困難，然後採取適當的教學活動，以提升其教學成效(羅寶鳳，2015)。

總結來說補救教學就是教師於教學活動後或教學活動中，針對學習進度落後或學習低成就的學生進行診斷，透過彈性調整課程與教學活動，施予個別化及適性化教學，以協助學生達成學習目標的學習輔導策略，補救教學是為了扶助低成就學生，彌平其學習落差所進行的個別化教學，幫助學生解決學習上的障礙或困難，以提升其學習成效，完成該階段應達成的學習目標，以達教育機會均等之理念並符合社會公平與正義。

Piha 和 Miller(2003)認為課後方案應該增進學生的學習成就（improving achievement），而以目前教育部對課後諸多方案的規劃看來，這是當前的主流思維，亦即課後應實施以學習低成就學生為實施對象，以「認知」為導向，「智育」學習為主的「補救教學」。

叁、補救教學之課程與教學

弱勢學生學習成效提升的關鍵不在於是否有提供資源，更重要的應在於所提供的補救教學內涵及教學方式是否符合學生的需求（陳淑麗，2008）。補救教學不應該只

是有就好，而是能真正落實診斷、教學、評量、再教學的循環過程，確實針對受輔學生的需求，給予補救強化進而提升學習成效。

一、補教教學與一般教學不同

　　一般教學的對象是以全班的學生為對象，而補救教學的對象是以學習困難或學習落後之學生為主，其所使用的教學方法也會不一樣，但國內目前的補救教學模式大都以作業指導以及白天正式課程延伸為主。而研究者在進行補救教學訪視時，經常發現學校老師將第八節輔導課誤認為就是補救教學，但學校裡的輔導課通常是加深加廣的升學輔導課程，並不適合低學習成就之學生，且部分班級導師不願意其學生參加補救教學課程，因為全班的學生都有上第八節輔導課，大家是統一的進度，如果學生去參加補救教學班會影響全班的進度，學習落後的學生在同樣的班級、同樣的教材、同樣的教學方法，不斷反覆的教學下，其學習成就依然落後，甚而產生學習無助感。有部分學校雖然有抽離成立補救教學班級，但大都延續以往模式以留住學生的安親班模式進行，甚有以非學術專長訓練為主，補救教學教師觀念不正確甚至教學不當是造成補救教學成效不彰的主要原因(陳淑麗，2008)。唐淑華(2013)認為「補救教學」絕不等同於「攜手計畫」或「教育優先區」等現今學習輔導模式，而是應該針對學生的落後程度來設計不同的補救方案。因此，教學現場更應改變「補救教學」等於「攜手計畫」的觀念才是，而真正落實提升補救教學成效。

二、英美等補救教學措施

　　西方國家在弱勢學生的教育策略取向上，從重視弱勢學生的補救教育及就學扶助措施，到補救教材的編製、教育人員的培訓、父母教育參與的提升等都有多方面的重視（譚以敬、吳清山，2009）。

　　2001 年美國總統布希上任時推出不讓每一位孩子落後法案(No Child Left Behind, NCLB)，該法案是政府向人民提供能擔責的實據，希望提升學生學力、消除各族群與階層間的成就落差。而對弱勢學童的補償教育服務 (supplemental educational services, SES)，弱勢家長有權從州認定的合法機構中，挑選符合學童教育需求的免費額外學業輔導，例如：閱讀、語言、數學等，經費由中央政府支付 (U.S. Department of Education, 2009)。Kane(2004)歸納美國四種課後方案的內涵大致是每日上課 2 至 3 小時，每週 4 至 5 天，第一小時是「學術內容」（academic content），在成人監督下進行教學或寫作業。第二小時是「包含遊戲的有組織活動」（organized activity involving games）、

「體能活動」（Athletic activities）、「社區團體表演」（presentations by local community groups）、「訓練個人領導與衝突解決技巧」（training in personal skills, leadership or conflict resolution）等。Noam, Biancarosa 和 Dechausay(2003)提出的課後方案內涵包括：（1）家庭作業協助與指導；（2）計畫、服務學習、報導寫作，或與在校期間無直接相關的其他豐富性學習經驗；（3）非學業性活動，如運動、工藝和遊戲等。

　　而英國在 1999 至 2000 年補助英格蘭地區 9 ,000 萬英鎊，以支持 OSHL(out of school hours learing)設計有效的課程協助學生提升學力、刺激學習動機、建立自信及有效學習等。OSHL 包括三大內涵 ：課程延伸活動(curriculum extending activities)傳遞學校主流課程，延伸班級活動、課程充實活動(curriculum enriching activities)附加的課程，如鼓勵學生發展自己的興趣、課程賦能活動(curriculum enabling activeities)主要是發展重要技能 。而其主要的課程內容則包括：（1）作業；（2）重要技能，如文學、算術、資訊；（3）課程連結或延伸；（4）運動、遊戲、戶外活動；（5）創意活動（音樂、戲劇、舞蹈、電影、藝術活動）；（6）生活事件(residential events) ；（7）協助作業與評量的修正；（8）參與學校與社區的活動；（9）特別的興趣；（10）成人或同儕的指導；（11）學習如何學習（思考技巧與加速學習）；（12）社區服務(Noam, Miller and Barry,2004) 。

　　國外主流的觀點是，課後方案以多元學習為主不應只有課業的學習，提供適齡的活動、課程設計有彈性，允許學童選擇活動，培養自動自發的學習，老師應該不要只鼓勵學生學習，學生也應該有和其他學生互動休閒的機會。

　　反觀國內的課後學習則大都以「延伸學校學習」及 「搶救邊緣學生及預防性的課後學習」為主的課後照顧內容有很大的不同。補救教學課程內容，大多以學科的補救或學習技巧與策略的充實為主（林建呈，2006），且大多採「精熟練習」的方式來進行補救教學。我國補救教學措施國小部分以作業為主，國中大部分以白天正式課程延伸為主造成補救教學成效不彰(陳淑麗，2007)。陳淑麗、曾世杰 (2010)攜手方案補救教學執行方式差異性較大，由教師自主，大多數教師採用學校教科書為補救教材，在職教師仍看重作業指導。教師的觀念不正確，教學不當等這樣的結果，可能忽略弱勢學生真正的學習需求，若仍採用學校的教材再重複教導，可能成效有限，且也可能無法找出弱勢學生真正問題的癥結，反而影響弱勢學生繼續學習的意願。

三、有效的補救教學方法

　　洪儷瑜（2001）指出影響弱勢學生學習表現的因素包括如智力障礙、感官障礙、行為或情緒障礙、學習障礙等個人因素，以及缺乏學習機會、文化不利、經濟不利、教學不當等外在環境因素，補救教學即在使外在不利的環境因素降到最低，以提升弱勢學生的學習成效。但陳淑麗(2007)針對台東縣課輔之研究發現：國小課輔的內容多以「作業指導」為主，國中的課輔則多成為正式課程的延伸，缺少針對問題對症下藥的有效補救教學，有可能是課輔成效不彰的原因。而徐燕玲(2010)更明確的指出教師不當教學是造成補救教學成效不佳的主要因素。而什麼樣才是適當的補救教學呢？

　　國外有許多統合性的研究發現，一般有效的教學應符合早期介入、高成功率（指學童容易達成教學目標）、長時密集、明確、和教導策略等原則（Foorman & Torgesen,2001；Torgesen, 2000；Vaughn, Gersten, &Chard, 2000）。而這也是補救教學成功的法則，當教師發現學生學習落後或學習困難時，應及時診斷了解其原因並找出解決之道，可以透過教材簡化或補充教材以提升學生學習信心，而且經由長時間密集明確的補救教學，針對學生不同的特質教導合適的學習策略與方法。
低成就學童的另一個特徵是，無法自行發現隱含的規則（Gaskins, Ehri, Cress, O' Hara, & Donnelley, 1997），因此，他們需要明示（explict）與教導策略的教學。因此，越明確的教學，補救教學成效越好。

　　補救教學的時機越早越好，以避免產生馬太效應及學習無助感，Torgesen（2000）也指出補救教學介入越早，學童回歸到普通班的機率越大。Rathvon(2008)提出「三層次補救教學」模式，「第一層級補救教學」乃是以全班學生為著眼點，老師主要是根據學生在課堂中的學習表現提供適時的協助與輔導；「第二層級補救教學」則鎖定學習狀況較為不佳者，主要是以小團體方式在課後進行較為密集的教學介入；「第三層級補救教學」則趨近於特殊教育資源班的作法，主要是對嚴重學習落後的學生提供個別化的協助。而國內洪儷瑜(2012)也提出一般補救教學第一層次就是進行有效教學，在單元內基本能力（困難概念）診斷與補救，這就是診斷與評量，不能只憑老師的感覺。第二層次補救教學是無法在原班進行補救教學的，是小組補救教學，著重在單元前基礎能力補救（往前奠基，不是學現階段的課程），或降級的基本能力補救。第三層次補救教學就是特殊班資源班抽離式的重組課程、小組密集式修改課程。

　　Otto,McMenemy 和 Smith（1973）就曾提出成功的補救教學應遵循十項原則，包括：（一）獲得學習者的合作；（二）根據學生的學習程度教學；（三）循序漸進，

小步驟進行；（四）提供回饋和安排增強；（五）使學習和教材有意義；（六）協助記憶；（七）鼓勵同儕間建立良好的友誼關係；（八）維持強烈的學習動機；（九）提供充分的練習機會；（十）建立成功的經驗。

　　張新仁（2001）提出進行補救教學時應考慮的項目包括：分析基本能力、評量學科能力、評量學習動機、擬定課程目標、選擇適合受試者能力的教材。對中低程度學生來說，教師宜簡化教材，學習活動應更富變化。有效的補救教學課程設計，應根據學生程度選擇合適的教材，包括：訓練有效的學習策略、簡化原有教科書內容、另行編選坊間教材、自行重新設計教材等。

　　從以上的研究發現有效的補救教學，是教師積極主動教學專業行為，而不是被動等到學生學習產生落後之後才來補救，教師在課堂中發現學習問題時就可以補救，同時能針對不同的學生需求，從課程、教材、教法上的改變，嘗試找出適合學生學習的模式以提升學習成效。

四、原住民族群之課程設計

　　洪儷瑜（2001）針對「國中小義務教育階段弱勢學生補救教育」的調查研究指出，家庭不利背景的學生大都以生活方面的適應困難為主，且也發現原住民學生最大的適應問題在於學習適應，其次是生活適應。少數族群具有特定的語言與文化特性，同時社會階層又以低社經居多，因此，在解決少數族群成就低落的問題，就應該從這些因素來考慮(陳淑麗、曾世杰、洪儷瑜，2006)。而陳逸君(2004)也指出教師未能運用原住民學生的文化經驗去教學，導致原住民學生無法在基礎上獲得有效學習，在惡性的循環下，原住民學生甚至懷疑自我學習能力，同時也對自己的文化產生自卑感。

　　原住民兒童喜歡自由、無拘束的學習氣氛，他們偏好群體、互動的學習方式（紀惠英，2000；陳枝烈，2002；Delipit, 1992），他們的學習型態特色是視覺的而非口頭的（引自李瑛，1998），原住民這些學習特徵，與傳統學校強調「語文、邏輯」與「規律」的學習方式迥異，這些差異往往讓小朋友在學校裡動輒得咎，成為不利學習的因子。有學者建議，對原住民的教育，應該考慮配合他們的學習風格來設計教學策略（李瑛，1998；LeMoine,2001），例如強調視覺訊息以及與經驗連結的有效教學策略。而在教材方面必須從文化差異的角度發展，強調原住民學童生活經驗本位的教材，積極協助找出原住民學生學習上的困境與迷思的問題點，再針對其困難點進行補救，有系統建立專業的補救教學模式，才能提升原住民學生整體的學習成效。

　　大多數的原住民在以漢族文化為主流的教育系統裏，由於語言、文化的差異，學校的正式課程都以漢族文化為出發設計，原住民學生缺乏文化認知的先備知識，導致學習成效低落。Perrenoud 提出影響學習低成就的三項因素：（一）評量標準，（二）課程內容的安排，（三）教師教學方法（引自徐燕玲，2010）。也就是所謂的少數族群學習低成就，是由外在的因素所造成的。因此，教師扮演非常重要的角色，在評量學習的標準上，不同的族群是否應該有所不同，評量的方式應該更為多元，符合原住民學生的需求；在課程的安排上是否恰當?在教材上是否符合與學生的生活經驗連結?更重要的是教師的教學方法是否配合學生慣用的學習模式?教師必須對原住民文化有所了解並尊重文化差異，反思批判社會結構不公所造成的學習成就低落，而能以文化回應教學，帶領原住民學生走出學習低成就的泥沼。

五、補救教學課程類型

　　補救教學並不是另一個課後照顧服務，必須回歸到教學的專業化，因為每個孩子個別差異大，個別化、適性化、差異化的教學是必須要的，補教教學的目的就是期望孩子在更適切的學習方式下，成就每一個孩子，幫助孩子重新找回學習的熱情。

　　邱世明(2011)研究指出補救教學的流程包括：一般教學活動、學習成就評估、學習困難診斷、選用適合補救教學策略、實施補救再評估、持續進行補救教學的策略、重複教學、焦點補強、補償式課程、個別化教學、精熟學習等。黃儒傑（2008）也指出，為因應弱勢學生需要，在教材設計上必須要能轉化教材以符合經驗、提供擴展生活經驗的教材資源或學習單、教材難度要能配合兒童學習狀況、教材主題要能引發學習動機、教材安排能培養學習領域的重要能力、確保教材品質等。

　　而根據杜正治(1993)及張新仁(2001)有關補教教學課程類型可分為以下六種：

(一)補償式課程(compensatory program)

　　補償式課程之學習目標與一般課程相同，但教學方法不同，即以不同的教學方法達到相同的教學目標。為了達到預期教學目標，在實施補救教學之前，得對學習者做徹底的診斷，以瞭解其個別需求、性向、好惡、以及能力水準。若學生聽覺能力優於視覺能力，教師可以有聲圖書取代傳統的教科書，以口試或聽力測驗取代筆試。補償式課程在國外最常見的方式，是為社經地位不利的學生提供提前入學方案(head-start project)及持續追蹤方案(follow-through project)。其教學方法以直接教學法為主。補償式補救教學需其他人員的配合，如教師、輔導人員、校長、以及家長的參與，所以實

施前需設法使有關人員瞭解補償性教學的性質，包括教學目標、程序、步驟以及策略的運用。

(二)導生式課程(tutorial program)

　　導生式課程旨在於提供額外的協助，以學習正規課程內容。除了實施一對一或小組教學等教學方式外，其餘與正式課程沒有差異。教學特色是為學生提供額外的解說，舉更多的例子，並對一般課程所呈現的教材再作複習。導生式課程係正規課程的延伸。因此，補救教學成敗的關鍵，在於補救教學教師與正規教學教師兩者之間的溝通與協調，共同策畫教學活動。導生式課程模式非常耗時，佔用教師大量時間與精神，所以教師可以鼓勵學生同儕參加補救教學活動，由同班同學義務擔任教導的工作。

(三)適性課程(adaptive program)

　　適性課程的課程目標與教學目標內容與正式課程相同；但課程較具彈性，可由教師選編合適的教材，以迎合學生的需求。在教法上也較彈性，可使用錄音帶或錄影帶，以取代傳統教科書，考試時也允許以錄音、口試，或表演的方式代替傳統教科書。

　(四)補充式課程(supplemental program)

　　補充式課程的特點，在於提供一般學校普遍忽略、但對學生的日常生活或未來就業非常重要的知識或技能。如對考試不及格的學生提供有關的補充式課程，即協助學生習得通過考試的必要知識或應試作答技巧，以通過各種考試；對於參加英語甄試的學生，協助其聽力作答的技巧、英語寫作技巧，使其獲得高分。目前國內部分國中和高中在早自習實施應與聽力訓練，即為一種補充式課程，唯它是以全校學生為對象。

(五)加強基礎課程(basic skills program)

　　加強基礎課程的特點，偏重於學生在正規課程中未能習得的基本技巧。加強基礎課程模式的基本假設，認為學習歷程是一種線性作用，因而國中一年級的學生無法受益國中一年級的課程，除非該生已學會低年級的所有課程。在實施補救教學之前，重要的課題不僅在於診斷學生的學習困難，同樣重要的是確定學生當時的知識程度與能力水準。

(六)學習策略訓練課程(learning strategies training program)

　　採用學習策略課程的教師所教授的課程內容與正規班級不同，其教學重點不是一般的課程內容，而是學習的策略，包括資料的蒐集、整理與組織方法、以及有效的記憶等。而學習策略大致上可分為兩類：

1.一般性的學習策略：

　包括注意力策略、認知策略(複述策略、組織策略、心像策略、意義化策略)、動機策略、後設認知策略。

2.學科特定策略：

　包括適用於各個學科的學習策略，如閱讀策略、寫作策略、社會科學習策略、數學或自然學科解題策略等。

　　　而常見的補救教學法有精熟教學法、直接教學模式、個別教學法及合作式教學法四種(張新仁，2001)。國內林玉惠(1995)針對低成就學生施行英語學習策略訓練，其研究發現：學習策略訓練課程能有效增進國中英語科低成就學生在英語科成就之延宕成效。林敏華(1999)以二年級兩班全體學生為對象，訓練英語字彙記憶策略，雖然其研究對象並非限於低成就學生，但其研究結果也顯示出，中、低程度的學生經由訓練後，其英語字彙總測驗的進步成績顯著高於高程度的學生。

　　　羅寶鳳(2015)指出要進行課後抽離式的補救教學，通常要經歷「轉介、評量與教學」三階段歷程：第一階段，教師要篩選學習低成就學生、蒐集學習資料、初步診斷學習情形、獲得家長同意參與，進行「轉介」；第二階段，依據相關評量工具診斷個案的學習困難，進行「正式評量」；第三階段「教學介入」，則是針對個別差異，設計課程內容與慎選教學策略，以求有效提升學生的學習表現。如果是班級中的補救教學，教師應有「評量診斷」與「教學介入」的能力。

　　　綜合以上所述，本研究歸納國內外文獻探討有關補救教學理念之結果如下：

一、國內補救教學的實施已由對弱勢學生的扶助，轉而對低成就學生的專業化教學，以期提升低成就學生的學業成就，從有補就好到講求專業與績效的補救教學措施。

二、國外的課後輔導方案雖然已發展學生多元能力為主，但漸漸的補救教學績效也受到重視，因此而有「No child left behind」法案，對補救教學提出三層次的補救，針對不同的學生對象給予補救，包含全班性的補救於課堂中實施；學習狀況不佳者，在課後密集教學輔導；第三層為特教學生個別輔導措施，補救教學趨向專業化與適性化。

三、從文獻中分析中得知，影響教師補救教學成效的因素有包含教師對補救教學概念的理解認知，教師是否有意願擔任補救教學師資、學校各項行政支援是否足夠以

及教師個人本身對課程與教學的認知與能力，影響補救教學成效的原因當然也包括學生家庭及學生個人的因素，但這不在本研究探討範圍，本研究僅對教師補救教學的知覺理念部份作探討。

四、教師的補救教理念是影響補救教學成效的關鍵因素之一，而教師知覺補救教學理念由文獻探討以及教育部補救教學訪視內涵中歸納分析包含：學校情境、行政支援以及課程與教學等三部分。

肆、補救教學成效之評估

補救教學成效評估，是對整個補救教學方案非常重要的歷程，是決定補救教學是否成功或修正方向之依據，但對於補救教學成效之評估方法，各方的意見也不同，站在行政單位的立場當然是以補救教學之學習成效為依歸，但現場教師則認為電腦化的科技評量結果的數字並不能完全代表補救教學之成效，況且影響學習成效的因素很多不能以單一成績決定教師的成敗。

接受補救教學的學習低成就學生，通常會經歷轉介、評量與教學三階段歷程。由上述補救教學的三階段歷程可知，補救教學成效之評估必須包含相關的行政作業如學生篩選、編班，以及相關評量並選擇適性化的教學。

依據教育部國民小學及國民中學補救教學實施方案之規定：檢核補救教學成效自100年9月起將全面進行攜手計畫網路評量作業，透過網路評量測驗診斷出學生之學習落後點，並由電腦詳實記錄學生補救教學後之學習進展資訊。每年需進行3次電腦化測驗，9至10月為篩選測驗，翌年之2至3月、6月為成長追蹤測驗，將持續以此系統化之方式來檢核補救教學之成效。

依據攜手計畫課後扶助方案及教育優先區學習輔導之成效檢核規定：「未參加攜手計畫課後扶助方案之學校以及教育優先區學習輔導之學校，補救教學成效之檢核需由教師自行對學生建置 IEP 個人學習檔案，並自行規劃相關之前後測測驗，以了解補救教學之成效與學生之學習成長狀況。」；參加攜手計畫課後扶助之學校，教師可藉由該計畫評量系統之診斷圖，得知受輔學生各科目之落後點，據以規劃個別化之補救教學策略。

而依據國民小學與國民中學補救教學教師自我檢核表之內容規定，補救教學之成效包含以下：

(一) 教學設計：教學前充分準備、能掌握教學目標、能有效利用教學時間。

(二) 教學方法與技巧：引起動機之方式恰當、使用不同方法進行教學、能編制不同教材、作業、善用發問技巧引發討論、妥善使用教學媒體資源。

(三) 班級經營：能建立班級常規激發自治、善用增強原則以維持良好行為。

(四) 教學互動：具體、明確、清晰的口語表達、適當運用肢體語言，造成良好的師生互動、能專注傾聽學生的表達、能重視個別差異。

(五) 班級氣氛：能重視個別差異、.能建立溫暖、和諧的班級氣氛、能接納學生的不同意見。

(六) 學生回饋：學生對學習內容有興趣、學生的學習態度認真、學生的學習有成效、學生能表現出思考、創造能力、學生學習後成長測驗成績有進步。

　　目前國內補救教學的實施情形，教育部設有專屬國民小學及國民中學補救教學科技化評量平台(https://exam.tcte.edu.tw/tbt_html/)，以統整各縣市實施成果，教師可以依據評量系統所提供之診斷報告，來作課程規劃與教材運用，使用多元教學策略，並檢核補救教學成效，其檢核的主要依據為學生的進步率，科技化評量系統雖然很專業化提供學生落點診斷，以及需要補強的課程、教材，並提供學生個人測驗的成果以為進步評量之依據。但較偏重於數據分析，且必須要學生以網路測驗成績為主，各校網路測驗的時間、地點、設備以及個人對網路施測的適應等均會影響結果。

　　評量學生學習成就的指標有很多，不能以單一學科評量成績進步作為判斷之依據，就如同以前老師必須對補救教學學生施予質化的敘述評量，雖然部分學生的成績沒有明顯進步，但在學習的態度改變，學習自信心提升，整個班級學習氣氛改善，師生互動關係乃至教師彼此間的關係互動之和諧，都無法在測驗評量系統中看出。科技評量系統可以是一個輔助教師教學的工具，但教學是一個師生互動的過程，老師與學生的反應直接反應教學的成效，因此，本研究以教師對補救教學實施滿意度、教師間互動滿意度、對學生補救教學學習成效滿意度、正向學習態度滿意度以及生活常規改善滿意度來衡量補救教學成效，並輔以學生對補救教學意見反應為本研究參考依據。

　　綜合以上所述本研究歸納如下：

一、教育部補救教學方案，以學校及學生在評量系統平台所測得的分數結果作為衡量之依據，包含：提報率、受輔率、施測率、進步率與進步回班率等五率為標準，

但影響補救教學成效因素甚多，僅以單一的電腦成就評量數據為標準，為大多數老師所詬病，甚而影響補救教學成效。

二、本研究針對補救教學成效部分以教師的知覺來探討，包含教師對補救教學實施現況的滿意度、教師知覺學生進步情形滿意度、教師間互動情形滿意度、教師對學生學習態度改變的滿意度以及教師對學生生活常規改善之滿意度，等五個部分來衡量補救教學成效。

伍、補救教學方案現況探討

解決弱勢學生學業成就低落的問題，是近年極被重視的教育議題，因此教育部也投入相當多的資源進行補救教學。根據教育部(2013)補救教學推動的主要目在於：篩選學習低成就學生施以補救教學、提高學生學力確保教育品質、落實教育機會均等理想實現社會公平正義。

由於少子化帶來的衝擊，以及學生來源的多元化，學生程度的差異化，帶好每一位學生是教育的目標，而補救教學就是提升弱勢學生學業成就的重大政策，歸納有關補救教學所帶來影響如下。

一、正面的影響

(一)重視低成就學生學習補救

以往的補救教學模式都著重在對於弱勢學生的照顧，包含經濟弱勢(低收入戶)、家庭弱勢(單親及隔代教養等)以、文化弱勢(偏鄉及離島地區)、族群弱勢(原住民及外配子女等)之學生且又屬於低學業成就者，亦即所謂的兼具雙低身分之學生，而現在的補救教學是以學習成就落後之 35%學生，為補救教學之對象，排除其身分之限制。

(二)邁向補救教學專業化

補救教學從學生篩選，以及學習問題診斷都可以透過科技化的評量系統平台，並提供補救教學相關教材，供補救教學教師使用，同時針對補救教學生的學習成效進步情形分析紀錄，協助補救教學教師能透過科技化的協助提升補救教學成效。

(三)提升教師專業能力

依據國民小學及國民中學補救教學實施方案之規定，現階段在職教師參加 8 小時、非在職教師 18 小時增能研習，讓參與補救教學方案之授課老師瞭解計畫緣由、授課性質與執行成效及實施歷程等，以充實教學的基本知能。補救教學不一定要在課

後實施，教師於教學過程發現學習落後的學生就可以在課堂中及時補救，同時必須針對不同的學生需求設計不同課程、教法，漸漸提升教師的專業能力。

(四)落實社會公平正義

　　為追求教育機會均等，避免弱勢學生階級固化，教育部先後透過教育優先區計畫、攜手計畫－課後扶助計畫、夜光天使點燈計畫、數位學伴線上課業服務計畫、高中職學生學習扶助方案以及國民小學及國民中學補救教學實施方案等政策嘗試以補救教學等方式彌平因文化、貧富或城鄉因素所造成的資源落差，並減少弱勢且學習低成就學生的學習落差。

二、負面的影響

(一)師資負荷大

　　目前補救教學之教學人員為現職教師、退休教師、儲備教師、大專生等，但其中仍以現職教師所占之比率最高，約占 80%(教育部，2014)。師資不足是目前各校最大困境。對於現職教師而言，額外工作增添負擔，加上補救教學難見速效，故容易使教師怯步。而由一般大專生或志工擔任補救教學之師資，也容易有班級經營或教學技巧不足等問題。

(二)補救教學觀念不足

　　補救教學觀念偏差，教學目標不明確，家長及教師認為補教教學是「有補比沒有補好」或「愛心陪伴」是「免費的補習」。以及補救教學對象未篩選或篩選不精確，甚有以全班為補救對象，在判斷學生是否為低成就時，導師的主觀觀察和專業的能力測驗結果有高達 66%的不一致(洪儷瑜，2001)。

　　教師自認具有補救教學能力，不願參加或沒有時間參加補救教學研習，使得補救教學成效大打折扣。教師缺乏補救教學的專業知能，補救教學依照全部年級課程進度上課，把補救教學與正常教學混為一談，課程教材未能適性化、個別化，八成以上的攜手計畫課輔老師都在進行「作業指導」，班級作業是針對一般學生設計，若不先把基礎能力建立好，一再教他寫作業根本沒有用(陳淑麗，2007)。補救教學的方案，不能只問「有沒有教？」更應該問「有沒有效？」「有教沒有效」才是真正的問題。老師的職責是「協助學生學習」而非只是「把課上完」(羅寶鳳，2015)，教育的最高「憲法」就是「保障學生獲得最有效的學習」，學生學習的最大效益是所有考量最大原則(洪儷瑜，2012)。

(三)行政措施配合不佳

補救教學需要填寫很多的報表資料以及受輔學生成程度差異大,造成補救教學老師任教意願低落(顏國樑、黃建順、范明鳳,2011)。大部分補救教學之時間安排在課餘或課後,故尚須經家長同意才能對學生進行補救教學;惟對於無學習意願之學生尚無法強制實施補救教學(教育部,2013)。因此最需要補救的學生未必會來參加,另外補救教學介入時間太晚,時間太短不夠密集,時間無法連貫。家長未能協助又沒有其他資源介入指導,即使補救教學成功回到原來班級後,孩子功課仍然會落後。補救教學的時間安排在學校下課後,以及補救教學地點不佳,另補救教學編班方式都是以學生就學階段(同年級)為原則,但是年級越高學生的落差也越大,無法依學習需求彈性編班等都是影響補救教學成效。

(四)欠缺合適補救教學教材

低成就學生在學習的道路上,隨著學習內容愈來愈困難,學生的失敗機率也愈來愈高,如何在學習問題惡化之前予以及時攔截,常常是教學上更關鍵的任務補救教學需要有系統、有層次的及有結構的教材教法,但課輔老師太忙碌了沒有時間也沒有能力研發教材。陳淑麗(2008)針對解國內各縣市課輔方案執行的情形與困境之研究中發現教師最期待得到的是補救教學教材資源。

(五)教學策略不當

多數老師在補救教學中最常使用的教學方法是「反覆練習」,甚至各憑信念決定教學內容,然而學習低落的學生無法自行發現教學內容隱含的規則,因此需要明確的教學方法,並教導其學習策略,才能使他們成為獨立的學習者。補救教學以「原教材、原教法」,學生依然無法接收(羅寶鳳,2015)。一再的反覆練習可能使學生更累,受輔學生需要不同的教學方法(李麗君,2012),才有辦法提升補救教學成效。

陳淑麗(2008)之研究發現各類的課輔方案大多採增加額外學習時間的方式,希望藉此加速兒童能力的累積與進展,增加額外的學習時間,固然是解決成就落後的必要條件,但關鍵仍在於是否能提供「有效的教學」,以台東縣為例,大量的課輔資源並未能有效解決台東縣學業落後的問題。而張新仁(2001)綜合補救教學建議包含補救教學宜重視學生個別差異,選擇適用的教材、教法、評量方式實施,並輔以多媒體教學,必要時加入行為管理策略及德育修練,以改善學生的學習習慣。補救教學從 2006 年實施以來從對弱勢學生的差別扶助,已轉變為現今對未達成基本學習能力的專業學習

輔導，補救教學不在只是課後的照顧或補習，不是教師愛心關照，而是教師的積極教學行為，更是教師的專業工作之一。

第四節　教師專業素養與補救教學相關研究

本節主要探討與本研究相關之研究結果，共分為兩個部分，一為教師素養相關研究，另一為補救教學相關研究，茲分述如下。

壹、教師專業素養相關研究

歷來與教師專業素養相關之研究大致可分為三類：教師專業素養現況調查、教師專業素養與教學成效、影響教師專業素養之相關因素探討等。

一、教師專業素養現況調查

國內多數的研究發現教師的專業素養多在中上程度以上，張欽隆(2010)研究結果台中市國小體育教師專業素養的整體狀況屬於中上程度，其中以「專業態度」最高，「專業成長」最低；廖翊恬(2013)針對國小補救教學教師之專業素養研究發現，國小補救教學教師之專業素養實踐為中高程度。吳麗馨(2010)針對幼托園所教師在專業素養與教學效能之現況都頗為正向。

二、教師專業素養與教學成效

Darling (2006)之研究指出預測學生學習成就最重要的因素就是教師素質。教師素養是決定學生學業成就的重要關鍵，教與學的品質是影響學生認知、情感、和行為結果的最重要因素(Rowe,2003)。Hattie(2009)針對 50000 篇研究報告分析中指出教師對學生學業成就的重要性，教師使用特別的教學策略(如給予學生挑戰性思考的任務以及適當回饋等)、並且對學生有高度的期望、建立正向的師生關係這些對學生學業成就有正向的影響，而這些也被定義為高品質的教師。而翁子雯(2006)之研究發現，教師素質越高，教學品質也愈佳，而學生的學習效果愈好。國內多數研究發現教師專業素養與教學效能(王薇舒，2009；張欽隆，2010；呂慧玲，2009)、組織效能(邱鳳裕，2011)有正相關。幼托園所教師專業素養對教學效能各層面間呈顯著正相關，且幼托園所教師專業素養各層面皆對教學效能有頗高的預測力(吳麗馨，2010)。

三、影響教師素養相關因素

　　從教師專業素養相關研究中發現影響教師素養的因素包括：教師個人特質、教育程度、教學經驗、教育養成、資格認證、課外教學能力、學科領域能力、個人文化素養、學業成績、以及教師薪資等(Dale,2010)。本研究乃探討原住民區教師專業素養，著重在專業素養部分，因此，有關個人文化素養(通識素養)不予探討；國內師資養成、資格認證以及師資薪資都有固定的模式變動不大不像國外狀況，因此本研究不予討論。茲將相關研究結果分述如下。

(一)人格特質

　　多數的研究發現教師的人格特質是影響教師的教學與學習，同時也影響到學生的人格發展與學習型態與學習的結果(Díaz, Rodríguez, & Poblete, 2011)。教師的熱情和獻身精神是使學生進入有意義學習活動的重要媒介。如果教師自己看上去是厭倦、冷漠、沒有熱情，那麼學生就不會相信他們接受的知識是有價值的，如果教師在教學的過程中不能愉快地進行教學，就不會實現預期的教學效果 (盧文倩，2012)。

(二)學歷

　　教師的學歷並不等於教師的能力，根據美國教師品質委員會(NCTQ)指出，在過去 50 年中教師取得更高學歷(碩士)成長兩倍以上，但學生的成就並未提升，其原因可能是教師取得較高學歷是為了獲得較高薪資而非專業成長，教師的教育程度與學生測驗成績很少關聯，因為學習如何有效教學必須在工作上獲得。

　　呂慧玲(2009)針對台北市幼稚園教師專業素養之研究發現，幼稚園教師其學歷越高其專業素養越高。但吳秉叡(2003)針對國小教師之專業態度之研究發現學歷高低並無顯著影響。不同最高學歷的花東地區資源班教師在整體與各層面專業角色知覺上並無顯著差異(李純慧、程鈺雄，2009)。

　　有關學歷對教師專業素養的影響，大部分的研究發現學歷高低並不影響教師素質，僅有少部分研究學歷較高之教師其教師素養顯著高於學歷較低之教師，因此目前並無定論，仍有待進一步研究確認。

(三)教學經驗

　　教學經驗是有效教學的重要因素之一，特別是在教師的頭幾年；然而許多研究顯示教學經驗與學生學業成就並無相關，特別是在教學四年以後(NTCQ，2004)。教師的專業素養受到年齡、年資、職務之不同而有顯著差異(吳麗馨，2010)。陳律盛 、侯銀華、王建畯(2006)針對高雄縣中等學校體育教師專業能力現況調查發現任教年

資、職務在教師專業能力現況有顯著差異。多數的研究都發現教學經驗越豐富教師專業素養越好。

(四)教育態度

　　實證研究發現良好的師生關係對學生的學習、行為與出席有正向影響(Arthur & Wilson, 2010;Sakiz, Pape & Woolfolk, 2011; Gorard & See, 2009)，不良的師生關係通常會讓學生在學校出現問題。高品質的老師通常對學表現出高度期望，並且關心學生。Gore (2007)花了四年的時間針對3000名學習進步的學生研究發現，教師對學生展現高度期望與信念，表現出社會包容性與道德，特別是對弱勢的學生幫助最大，如低社經背景、原住民以及少數民族的學生受益最多。Pajares(1992)信念是個人一生做決定的最重要指標，它的重要性遠超過個人所有擁有的知識。

(五)擔任職務

　　張欽隆(2010)針對台中體育教師的專業素養之研究發現，不同背景變項(性別、年齡、職務、畢業科系、任教年資、學校規模)之台中市國小體育教師在教師的專業素養上並沒有顯著差異。幼托園所教師專業素養與教學效能會受到職務之不同而有顯著差異(吳麗馨，2010)。李純慧、程鈺雄(2009)針對花東地區身心障礙資源班教師專業角色知覺及教學效能之研究發現：「是否兼任行政工作與資源班任教總年資之花東地區資源班教師，其在專業角色知覺與教學效能上有顯著差異。」、擔任職務為教師兼主任者比擔任級任教師者在教師專業成長的知覺情況上較佳。幼稚園教師對專業素養的認知，未因其擔任職務不同而有顯著差異(呂慧玲，2009)。因此，有關於教師擔任職務對教師專業素養影響目前並無定論。

(六)學校規模

　　呂慧玲(2009)針對台北市幼稚園教師專業素養之研究發現，幼稚園所在位置並沒有顯著差異；但幼稚園學校規模越大越重視教師專業素養。不同學校所在地之國小補校教師的專業素養各層面並無顯著差異(廖翊恬，2013)。不同學校規模之台中市國民小學體育教師在專業素養整體及各層面上未達顯著差異(張欽隆，2010)。不同服務學校規模在國小教師之專業態度並無顯著影響，但市區學校的專業態度顯著高於鄉鎮地區(吳秉叡，2003)。城市地區教師之課程專業知能及教學專業知能顯著高於鄉鎮地區之教師(錢富美，2002)。在學校規模上一般的研究發現與教師素養並無顯著關係，僅

呂慧玲對幼稚園的研究發現規模越大的幼稚園越重視教師專業素養;在學校所在的區域發現都會地區學校之教師專業素養高於鄉鎮地區。

(七)性別

　　女性教師之專業態度顯著高於男性教師(吳秉叡，2003)。不同性別之台中市國民小學體育教師在專業素養整體及各層面上無顯著差異(張欽隆，2010)。不同性別的花東地區身心障礙資源班教師在專業角色知覺上的平均得分，在「整體專業角色知覺」及其各向度「專業知能」、「專業服務態度」、「專業倫理規範」、「專業自主」與「專業成長」上，均為「女性教師」得分高於「男性教師」(李純慧、程鈺雄，2009)。

貳、補救教學相關研究

　　本研究主要探討原住民區教師個人背景變項與教師專業素、補救教學理念及補救教學成效之關係，　因此共分成個人背景變項與補救教學成效部分、教師專業素養與補救教學成效之關係以及補救學困難之探討等四部分說明如下:

一、教師個人背景變項部分

(一)教師性別

　　不同性別的教師在課後方案實施成效上無顯著的不同(何俊青、王翠嬋，2015)。陳仁貴(2008)針對「台北市國民小學攜手激勵學習潛能計畫」的現況調查研究發現，不同性別對攜手激勵班的看法沒有差異存在。但劉育儒(2015)研究發現補救教學執行成效知覺女性教師高於男性教師。

(二)擔任職務

　　何俊青、王翠嬋(2015)之研究發現不同職務的教師在課後方案實施成效有明顯的不同，主任顯著高於導師及科任教師，組長顯著高於科任老師。邱盈禎(2015)之研究發現，擔任主任之教師參與補救教學實施方案態度的知覺程度較高。

(三)教學年資

　　不同教學年資的教師在課後方案實施成效上無顯著的不同(何俊青、王翠嬋，2015)。補救教學資歷 4 年(含)以上之教師參與補救教學實施方案態度的知覺程度較高(邱盈禎，2015)。

(四)最高學歷

不同教育背景的教師在課後方案實施成效有明顯的不同(何俊青、王翠嬋，2015；洪千雅，2011)。最高學歷、服務年資、現任職務、補救教學研習經驗以及補救教學相關計畫經驗等教師的背景對教師的補救教學知識有顯著的影響(吳育庭，2014)。

(五)學校所在位置

國內課輔資源的分配，越偏遠地區的學校其課輔資源越豐富(陳淑麗，2008)。張嘉寧(2008)針對嘉南五縣市國中實施「攜手計畫課後扶助」方案執行成效發現，在學生表現以及整體成效嘉義市顯著高於嘉義縣。

(六)學校規模

何俊青、王翠嬋(2015)之研究發現，6 班以下之教師在課後方案實施成效顯著高於 21 班以上之教師。李秀貞(2015)之研究發現「12 班以下學校規模」之國小教師在補救教學實施方案有較高的認同。洪千雅(2011)之研究發現不同學校規模之教師對補救教學成效的看法有顯著差異。蔡金田(2012)針對「攜手計畫－課後扶助」的研究發現：6-12 班小型學校在教學層面之得分較中、大型學校為佳。「12 班以下學校規模」之國小教師在「補救教學實施方案」有較高的表現。總結來說，多數的研究發現學校規模較小者其補救教學成效較佳。

二、補救教學實施成效

(一)有關學校情境部分

學校業務承辦人及教師皆曾參加補救教學的相關宣導，但教師對於方案的內容了解甚微(蔡慧美，2015)。教師補救教學專業能力不足，造成教師無力感(侯乃菁，2015)。攜手計畫課後扶助之大專生師資之專業知能和教學技巧不足(黃秀霜、陳麗珠，2008)。現職教師對於補救教學授課意願不高，師資人力不足影響學校開班計畫(蔡慧美，2015)。補救教學教師最希望得到的協助是降低課輔班級人數、提供補救教學教材(王世英、陳淑麗，2007)。

(二)行政支援部分

Grolnick, Farkas, Sohmer, Michaels, and Valsiner（2007）研究課後方案的學習成效，結果發現：在動機部分：參與時間愈長，在認同、自我價值、學習等方面愈顯著變好。再學習成果部分：參與時間愈長，在英語、數學、科學等方面顯著變好。蔡金田(2012)針對「攜手計畫－課後扶助」的研究發現：教育財政編列是否充裕會影響課後扶助政策之實施成效；課後扶助評選規準三個層面中以行政管理層面得分較佳。陳

淑麗(2008)針對國小弱勢學生課輔調查研究發現，課輔對象的篩選及實施成效缺乏系統性，以及較少學校對課輔教師進行專業訓練。

陳淑麗(2008)之研究　，國內課輔資源的分配，愈偏遠地區的學校，課輔資源愈豐富，但課輔執行的方式，地區間的差異不大，方案間的差異則較大。國小課輔主要由學校合格老師執行，且課輔老師擔任課輔的意願高，但課輔的執行從服務對象的篩選、實施到成效的評估，都缺少系統性，也少見學校對課輔教師的專業訓練。在課輔的執行上最主要的問題是學生學習動機低落以及家長不關心兒童的學習，以及學生程度異質性太高，教師最期待得到補救教材的資源。

有關評量系統部分，學生學習成效應多方面來檢核，避免以單一電腦化測驗成績為最終考核依據(謝青樺，2012)。將補救教學執行成效的五項指標(提報率、施測率、受輔率、進步率、進步回班率)列為考核項目對於學校而言負擔沉重(蔡慧美，2015)。

(三)課程與教學部分

何俊青、王翠嬋(2015)針對澎湖縣國民中小學教師補救教學成效之研究發現：：國民中小學課後方案之師資來源以班級導師為主，課程設計以個別指導、補救教學為主，使用教材則以教科書為主。李麗君(2012)的研究發現教師在補救教學中做最多的就是提供學生練習機會，顯示大多數教師會將補救教學定位在讓學生練習。陳淑麗（2008）對全國八縣市國小弱勢學的研究發現，「作業指導」是課輔教師優先考慮的課輔實施項目；在教學策略方面，有超過七成教師常用「讓學生多練習幾次」、「再教一次」及「調整教學策略」，僅有約五成教師會考慮調整教材難度。顯示目前國小補救教學大多是停留在原教材、再教一次、多練習幾次的模式。

洪儷瑜（2001）研究發現，有超過五成的教師表示調整教材、調整評量方式、調整作業內容或方式、指導學習方法等策略對學生有幫助，但實際採用的教師卻僅約二成，表示大多數教師對於弱勢學生的教學較少從課程或教學策略方面進行調整。此外，在她的研究中也發現，在面對家庭不利、文化殊異及原住民三類學生時，教師所採用的教學策略大致相同，顯示學生在社會文化上的不同並不會造成教師在教學上的差異。教師的補救教學策略與正式課程一樣方法進行補救教學、沒有事先瞭解學生家庭及族群文化背景，以及將教材內容與學生生活經驗結合(李麗君，2012)。課程規劃欠佳課輔教學內容以學科教學為主，未能針對學生需求提供適性有效教學(王世英、陳淑麗，2007)。

(四)補救教學整體成效部分

　　邱盈禎(2015)針對桃竹苗四縣市國民中學教師參與補救教學實施方案態度與實施成效關係之現況研究中發現「國中教師參與補救教學實施方案態度與實施成效現況良好」。劉育儒(2015) 針對臺中市國小非現職教師補救教學實施方案參與態度與執行成效之研究發現「補救教學參與態度與補救教學執行成效呈現高度正相關」。林怡彣(2014)針對台北地區補教教學方案對國中生學習成效影響之研究發現：「臺北地區國民中學教師普遍認為補救教學方案整體的執行情形及整體學生學習成效有待加強」。

　　王麗雪(2014)針對桃園國小教師之研究發現「行政運作與實施成效間具有顯著正向關係；教材教法與實施成效間具有顯著正向關係；評量系統與實施成效間具有顯著正向關係；教學輔導與實施成效之間未達顯著水準；配套措施與實施成效之間未達顯著水準。」

三、教師專業素養與補救教學成效部分

　　弱勢學生學習成效提升的關鍵不在於是否有提供資源,更重要的應在於所提供的補救教學內涵及教學方式是否符合學生的需求(李麗君,2012)。教師常從學科角度有效檢核學生學習進步情形；研製多元評量方式、班級管理良好、進行教學策略評估、教學環境獲得學校支援,則學生學科成績才進步及情緒行為才會趨於正向(陳仁貴,2008)。實施補救教學促進了教師的專業成長(徐蘇雲,2015)。邱鳳裕(2012)針對屏東縣國民小學教師專業素養之研究發現,教師專業素養對組織學習與組織效能具有正向的影響。國內多數研究發現教師專業成長與學校效能有正相關(吳采穎,2008；吳佩珊,2006；陳香,2003)。教師的專業素養影響著學生學習的成效,特別是在教師專業態度部分(謝素月、莊文玲、鄧傳慧、溫慧中,2009)。

　　補救教學成敗的最重要關鍵乃是老師,因此教師應時時自省,積極投入專業成長,樂於和學生互動,營造和諧的師生關係和民主對話,才能提升補救教學成效；補救教學所面對的是學習成就落後的學生,教師除應加強專業素養外,更應提升自省和關懷的人文素養,促進師生對話和理性溝通,且應主動了解學生學習狀況,以達及時補救的目的(溫明麗,2008)。

四、補救教學之困境

　　為解決少數族群學業成就低落的問題，許多國家透過補償教育方案來照顧其需求，透過補償教育提供教育資源來改善少數族群地區的教育機會和環境(陳麗珠，1999；許添明、廖鳴鳳，1998)。國內補救教學方案由早期的攜手計畫課後扶助、教育優先區學習輔導方案，到國民小學與國民中學補救教學方案，政府投入大量的人力與資源卻未見到良好的成效。本研究統整實際補救教學現場所遭遇到之困境，分述如下：

(一)教師觀念偏差

　　陳淑麗（2007）發現大多數的國中課輔內涵是在進行「補救落後」或是「補學科進度」，且受限於學生異質性大，無法針對學生不同的需求及背景，提供適性的輔導課程。受扶助學生比例偏低學校，其主要成因為補救教學時段的安排、教師擔任意願、學生意願與家長時間的配合與意願等因素(蔡金田，2012)。

　　教師未能善用當地原住民學生的文化經驗，詮釋學科知識，導致原住民學生無法在基礎教育上獲得有效的學習，甚至質疑自我的學習能力而逃避學習，並對自身文化產生自卑感(陳逸君，2004)。如果師長對補救教學的印象停留在負面標籤化或不支持補救教學的形式，勢必會影響學生學習的信心，而無法有效提升學習低成就生的學習動機與學業表現。

(二)行政負荷大

　　在補救教學實施方案中最讓英語教師困擾的前三項為：學生參與意願不高、學生程度差異太大、行政或教學工作負荷重(吳育庭，2014)。陳雅萍(2008)在臺中縣市國小課後方案也發現「學校大多為了符合家長之期望，遴聘學校正式教師擔任課後輔導教師，但學校教師並非自願擔任補救教學師資，而是學校行政上的要求」。呂文慶(2007)研究發現擔任補救教學師資補助經費少，會影響教師擔任補救教學師資。台東縣課輔教師不願擔任的原因為工作負荷太重、看不到補救教學之成效(王世英、陳淑麗，2007)。

　　補救教學欠缺整合的教材資料庫及資料分享平台(黃秀霜、陳麗珠，2008)。台東縣課輔的執行，從前置的篩選學生、分類、教學設計執行到成效的評估，均缺少專業性(陳淑麗，2008)。對弱勢學生的資格認定太過嚴格，未能考慮學校特性與差異(黃秀霜、陳麗珠，2008)。學校行政執行補救教學方案的困境在於，補助經費少；需填報過多文件及流程過於繁瑣(黃玉青，2015)。陳珍瑤(2015)針對臺中市國民中學推動補

救教學實施方案之現況與成效之研究發現「學校實施補救教學的困境，依序為施測人力有限、師資尋找不易、電腦教室可用時段有限。」

(三)學生意願低且異質性大

　　學生參加意願不高、學生程度差異太大、行政或教學工作負荷重(吳育庭，2014；呂文慶，2007)都會影響補救教學成效。教師教學時遭遇到的困境主要有學生程度落差大，缺乏學習動機；教師兼任業務太多，影響教學品質。以往在攜手計畫的補救教學需要家長同意才能參加，但往往最需要補救的學生卻常因家庭因素而無法參與補救教學。

(四)家長配合度不佳

　　黃玉青(2015)針對高雄市國小補救教學之研究發現，補救教學的困難在部分家長的配合度低。翟本瑞(2002)針對國小學童之研究發現家庭的文化資本才是影響學童教育成就的關鍵因素。翟本瑞、郭家華(2012)針對偏遠國小學童補習之研究發現家長的文化資本、經濟資本確實會影響學童的學習情形。而補救教學經常碰到的是需要補救教學的學生，因其需要照顧家庭而沒有辦法參加補救教學，且學生參加補救教學後之課業家長無法監督；甚有部分家長認為補救教學是一種汙名化而不願子女參加。

(五)補救教學成效不佳

　　侯乃菁(2015)針對台東縣原住民低成就學生補救教學之研究中發現，學生從補救教學中獲得成功經驗與自信，學習效果有提升但不明顯。王潔真(2008)苗栗縣國小攜手計畫課後扶助之執行成效結果不如預期，執行成效有待重新評估。李孟峰、連廷嘉(2010)針對台東縣一所國小的個案研究發現，部份受輔學童參與「攜手計畫－課後扶助方案」之後，其學習行為未有任何良善的改變，乃因受輔學童長期的累積學習挫折導致其對於學習早已喪失信心，非短時間內即可激發其向上發展，加上補救教學師資教學經驗尚淺的儲備教師、大專學生，以及課扶班內學童人數過多均是影響該方案實施成效的原因所在。台東縣學力測驗的表現，近四年仍居全國之末，雖然致力於推動課後輔導，但教育現場忽略低成就補救教學的專業性，國小課輔的內容多 以「作業指導」為主，國中的課輔則多成為正式課程的延伸，缺少針對問題對症下藥的有效補救教學，有可能是課輔成效不彰的原因（陳淑麗，2007）。

實證分析

第三章　實證研究設計與實施

　　本研究旨在探討原住民重點國民中學教師專業素養、補救教學理念與補救教學成效之關係，藉由國內外相關文獻整理分析歸納出原住民重點國民中學教師專業素養之內涵，並探究其與補救教學理念、補救教學成效之關係。本章主要在說明本研究之設計與實施，其實施方式如下：研究流程、研究架構、研究假設、研究對象與抽樣、研究工具與資料處理等六節，茲分述如下。

第一節　研究流程

　　本研究之流程如圖 3-1-1，分別說明如下：

一、研究主題發展階段

(一)確立研究主題及方向，並蒐集及閱讀與主題相關之文獻

(二)從文獻探討中形成本研究之動機、目的、研究問題與範圍。

二、實證調查與分析階段

(三) 廣泛蒐集國內外有關教師專業素養與補救教學相關文獻，發展研究工具主要論點

(四) 根據相關文獻探討，發展編制本研究所使用之研究調查問卷，教師專業素養量表、補救教學理念量表，並確立問卷調查對象。

(五)依據母群體比例選定預試問卷對象，並進行問卷預試。

(六)針對預試問卷回收整理，修訂正式問卷內容。

(七)進行正式問卷抽樣與調查。

三、論文完成階段

(八)依據問卷調查結果進行歸納整理研究結果並與國內外文獻比較探討

(九)針對研究結果進行討論分析

(十)撰寫研究結論與建議

　　上述之研究流程如圖 3-1-1 所示：

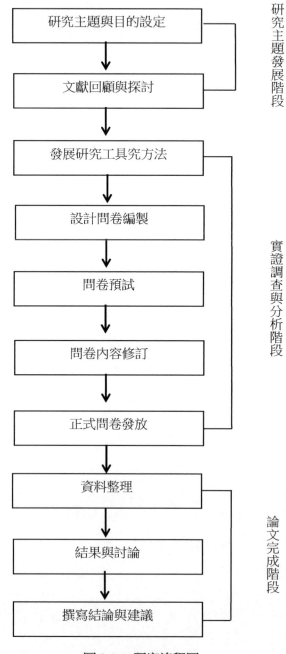

研究主題與目的設定

文獻回顧與探討

研究主題發展階段

發展研究工具究方法

設計問卷編製

問卷預試

問卷內容修訂

正式問卷發放

實證調查與分析階段

資料整理

結果與討論

撰寫結論與建議

論文完成階段

圖 3-1-1 研究流程圖

第二節　實證研究架構

　　本研究目的在了解原住民重點國民中學教師專業素養、補救教學理念與補救教學成效，以及探討原住民重點國民中學教師的背景變項在教師專業素養、補救教學理念與補救教學成效的差異情形以及教師專業素養、補教教學理念與補救教學成效之關係。故研究設計以原住民區教師的背景變項為自變項，以教師專業素養、補救教學理念及補救教學成效為依變項，探討自變項在依變項反應差異情形，並探究教師專業素養、補救教學理念與補救教學成效之間的關係，以及探討影響補救教學成效的因素。其研究架構如圖 3-2-1

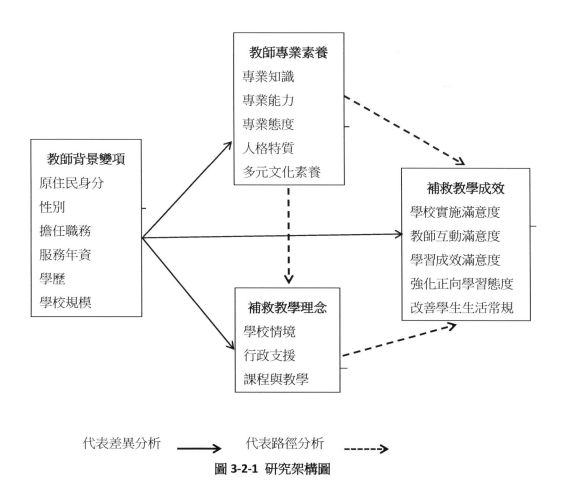

圖 3-2-1　研究架構圖

第三節　研究假設

本研究依據研究目的與文獻探討的結果，提出下列研究假設：

假設一：原住民重點國民中學教師在教師專業素養、補救教學理念與補救教學成效在中等以上程度。

假設 1-1：原住民重點國民中學教師知覺其教師專業素養在中等以上程度。

假設 1-2：原住民重點國民中學教師知覺其補救教學理念在中等以上程度。

假設 1-3：原住民重點國民中學教師知覺其補救教學成效在中等以上程度。

假設二：不同背景變項之原住民重點國民中學教師在教師專業素養、補救教學理念與補救教學成效有顯著差異。

假設 2-1：不同籍別之原住民重點國民中學教師在教師專業素養、補救教學理念與補救教學成效的知覺有顯著差異。

假設 2-2：不同性別之原住民重點國民中學教師在教師專業素養、補救教學理念與補救教學成效的知覺有顯著差異。

假設 2-3：不同職務之原住民重點國民中學教師在教師專業素養、補救教學理念與補教教學成效知覺有顯著差異。

假設 2-4：不同服務年資之原住民重點國民中學教師知覺在教師專業素養、補救教學理念與補救教學成效的知覺有顯著差異。

假設 2-5：不同學歷之原住民重點國民中學教師在教師專業素養、補救教學理念與補救教學成效的知覺有顯著差異。。

假設 2-6：不同學校規模之原住民重點國民中學教師在教師專業素養、補救教學理念與補救教學成效的知覺有顯著差異。

假設三：原住民重點國民中學教師知覺教師專業素養、補救教學理念與補救教學成效之間有顯著相關。

假設 3-1：原住民重點國民中學教師知覺教師專業素養與補救教學理念之間有顯著正相關。

假設 3-2：原住民重點國民中學教師知覺教師專業素養與補救教學成效之間有顯著正相關。

假設 3-3：原住民重點國民中學教師知覺補救教學理念與補救教學成效之間有顯著正相關。

假設四：教師專業素養、補救教學理念與補救教學成效建構的模型配適度良好。

假設 4-1：教師專業素養、補救教學理念與補救教學成效建構的模型有良好的配適度。

假設 4-2：教師專業素養對補救教學成效具有顯著因果關係。

假設 4-3：教師專業素養對補救教學理念具有顯著因果關係。

假設 4-4：教師知覺補救教學理念對補救教學成效具有顯著因果關係。

假設 4-5：教師專業素養、補救教學理念之間的交互作用對補救教學成效具有顯著因果關係。

第四節　研究對象與抽樣

本研究係以全國原住民重點國民中學為母群體，問卷調查對象是 105 學年度原住民重點國民中學參與補救教學之教師與學生，原住民重點國民中學在實施補救教學方案之前是屬於教育優先區—學習輔導方案，在實施補救教學方案後屬於特定扶助學習對象，亦即原住民重點國民中學都是屬於必須參加補救教學的學校，茲就調查對象與研究樣本抽樣說明如下：

壹、研究對象

本研究對象以原住民重點國民中學之教師為母群體(包含代理代課教師)，依據《原住民教育法施行細則》第三條之規定：「原住民學生達一定人數或比例之中小學，在原住民族地區，指該校原住民學生人數達學生總數三分之一以上者；在非原住民族地區，指該校原住民學生人數達一百人以上或達學生總數三分之一以上，經各該主管教育行政機關視實際需要擇一認定者」。總計共有 61 所學校(包含 3 所高中附設國中)，分別在新北市、宜蘭縣、桃園縣、新竹縣、苗栗縣、臺中市、南投縣、嘉義縣、高雄市、屏東縣、臺東縣、花蓮縣等十二個縣市，其中以花蓮縣、臺東縣所占的比率最大，原住民重點國民中學教師總人數計 1361 人(教育部 103 學年度統計資料)，原住民重點國民中學學生人數 14076 人，研究對象母群體分配如附錄一。

貳、研究樣本與抽樣

一、預試樣本

　　根據吳明隆與涂金堂(2009)在預試樣本數方面，取該研究問卷最多題項之分量表的 3 倍人數，來做為研究之預試樣本。Gorsuch（1983）則建議樣本數最少為題項數的 5 倍，且要大於 100，才能進行因素分析。本研究最多題項之分量表為 18 題，因此最少需要樣本數 100 人以上，本研究預試樣本共抽取原住民重點國民中學教師 140 人。

　　本研究依據樣本的學校類型分為小型學校(6 班以下)、中型學校(7-12 班)、大型學校(12 班以上)，有些小型學校全校教師不足 7 人，因此問卷發放時特別依學校規模大小發放問卷 4-15 份。為求慎重起見，每所樣本學校事先以電話通知聯繫，取得受託對象同意與了解後，再將問卷寄出。並隨函附上問卷填答協助函，感謝協助並附上填答說明，委請學校教師填答。本研究共抽取小型學校 7 所共計發放問卷 46 位教師、抽取中型學校 6 所共計 58 位教師、大型學校 2 所共計 36 位教師，合計 15 所學校教師共 140 人，實際預試問卷回收 128 份，問卷回收率 91.43%，如表 3-4-1 所示。預試問卷於兩周內回收整理，扣除填答不完整及固定性反應之無效問卷 6 份，實際可供運用之問卷共計 122 份，問卷可用率 95.31%，依此有效預試問卷進行統計分析。

表 3-4-1 預試樣本抽樣分配表

學校類別	抽取校數	問卷發放數	問卷回收數	問卷回收率
小型學校	7	46	46	100%
中型學校	6	58	50	86.21%
大型學校	2	36	32	88.89%
總計	15	140	128	91.43%

　　在學生問卷部分，由於學生問卷只是調查是否符合現況，且本研究主要研究對象為教師，因此學生問卷部分不做預試。

二、正式調查樣本

(一)教師樣本

　　本研究的研究對象為原住民重點國民中學教師，依據教育部 103 學年度統計全國共計 61 所原住民重點國民中學，教師人數總計 1361 人，本研究依 2016 年 Sample Size Calculator-- Determine Sample Size 之計算程式，在 95%信心水準下，抽樣誤差為 5%，母群體為 1361 人，合理的抽樣人數需要 300 人以上。

　　本研究共抽取樣本人數教師 360 人，其中小型學共 11 所、教師 68 位、中型學校共 17 所、教師 157 位，大型學校 8 所、教師 135 位，總計共寄發 36 所學校教師 360 位。問卷寄發後去電告之並確認問卷確實寄達，於兩週後再行電話催收，並感謝協助問卷回收。共計回收教師問卷 312 份，問卷回收率為 86.67%。問卷回收後，均先檢視每份問卷填答情形，凡量表填答不全及固定式反應，均視為無效問卷。檢視結果教師無效問卷計 15 份，共得有效教師問卷 297 份，問卷可用率 95.19%。依此有效問進行統計分析工作。有關問卷研究樣本分配與回收情形如下表 3-4-2 所示。

表 3-4-2　教師研究樣本分配與回收情形

校別	取樣校數	取樣人數	回收情形			無效問卷	有效問卷	可用比率
			校數	人數	比率			
小型學校	11	68	11	60	88.23%	3	57	95.00%
中型學校	17	157	17	150	95.54%	7	143	95.33%
大型學校	7	135	7	102	75.56%	5	97	95.09%
總計	35	360	35	312	86.67%	15	297	95.19%

　　本研究採分層隨機抽樣，依原住民重點國民中學所在地分成北區、中區、南區與東區等四區，並依各區教師的比率抽樣，共抽取 35 所學校，教師 360 位，學生 600 位，實際回收有效問卷分配如表 3-4-3。

表 3-4-3　教師與學生有效樣本區域分配表

區域	包含縣市	校數	教師問卷	學生問卷
北區	宜蘭縣、新北市、桃園市、新竹縣	6	65	130
中區	苗栗縣、台中市、南投縣、嘉義縣	7	52	99
南區	高雄市、屏東縣	6	49	97

東區	花蓮縣、台東縣	16	131	181
合計	12縣市	35	297	507

(二)學生樣本

　　依據 Sample Size Calculator 計算公式，在 95%信心水準下，抽樣誤差為 5%，母群體為 14076 人，合理的抽樣人數需要 374 人以上。因為學生的抽樣是以班級為單位，且要兼顧小型、中型、大型學校規模，故本研究採取較高的標準，共抽取小型學校 7 所 130 位學生，中型學校 11 所 340 位學生，大型學校 4 所 130 位學生，總共抽取 22 所學校 600 位學生，問卷寄發後去電告之並確認問卷確實寄達，於兩週後再行電話催收，並感謝協助問卷回收。共計回學生問卷 533 份，問卷回收率為 88.83%。問卷回收後，均先檢視每份問卷填答情形，凡量表填答不全及固定式反應，均視為無效問卷。檢視結果，共得有效學生問卷 507 份，無效問卷計 26 份，問卷可用率 95.12%。依此有效問進行統計分析工作。有關問卷研究樣本分配與回收情形如下表所示其分配如表 3-4-4。

表 3-4-4　學生樣本分配與回收情形

組別 校別	取樣 校數	取樣 人數	回收情形			無效 問卷	可用 比率
			校數	人數	比率		
小型學校	7	130	7	116	89.23%	4	96.55%
中型學校	11	340	10	310	91.18%	15	95.16%
大型學校	4	130	4	107	82.31%	7	93.46%
總計	22	600	21	533	88.83%	26	95.12%

三、教師樣本基本資料分析

　　問卷回收後經剔除無效問卷後共得教師有效問卷 297 份，利用統計軟體 SPSS 敘述性統計分析，教師樣本背景資料統計如表 3-4-5。教師背景變項中有關學歷的部分，博士只有 2 位，專科 6 位，未達統計意義，因此給予合併為碩士以上(N=140)以及大學(含專科)(N=157)以利統計分析，另外學校所在地非原住民地區僅 15 位未達統計標準，該項目不列入分析。

表 3-4-5 原住民重點國民中學教師樣本基本資料分析

項目		次數	百分比
身分別	原住民	47	15.8%
	非原住民	250	84.2%
性別	男	119	40.1%
	女	178	59.9%
服務年資	3 年以內	67	22.6%
	4-10 年	94	31.6%
	11-20 年	85	28.6%
	20 年以上	51	17.2%
最高學歷	博士	2	0.67%
	碩士 (含四十學分班)	138	46.46%
	大學	151	50.84%
	專科	6	2.02%
擔任職務	主任	51	17.2%
	組長	67	22.6%
	導師	128	43.1%
	專任教師	51	17.2%
完成補救教學 8 小時 訓練課程	是	243	81.8%
	否	54	18.2%
修習多元文化學分或 18 小時多元文化研習	是	201	67.7%
	否	96	22.3%
學校所在地	原住民區	282	94.9%
	非原住民區	15	5.1%
學校規模	6 班以下	57	19.2%
	7-12 班	143	48.1%
	13 班以上	97	32.7%

N=297

四、學生樣本基本資料分析

學生問卷總共發出 600 份，回收 533 份、剔除無效問卷 26 份，共得有效問卷 507 份，本研究的主要研究對象為教師，學生的部分僅針對補救教學部分調查，其背景變項包括身分別、性別以及年級別，其中年級別部分僅限國二與國三學生。學生樣本基本資料如表 3-4-6 所示。

表 3-4-6 學生對補救教學現況調查基本資料分析

項目		次數	百分比
身分別	原住民	390	76.9%
	非原住民	117	23.1%
性別	男	259	51.1%
	女	248	48.9%
年級別	國二	197	38.9%
	國三	310	61.1%

N=507

第五節 研究工具

本研究採用問卷調查法，依據研究目的及相關文獻之理念架構，編製「原住民重點國民中學教師專業素量表」作為調查原住民重點國民中學教師專業素養之測量工具，另依據教育部國民小學及中學補救教學方案、國民中學補救教學實施現況編制補救教學理念量表、補救教學成效量表(預試問卷如附錄二、正式問卷如附錄四)以及學生補救教學現況調查問卷(如附錄三)，茲說明如下：

壹、教師個人背景變項

為了解原住民重點國民中學教師之專業素養、補救教學理念與補救教學成效之關係。依據文獻探討所獲得與教師專業素養、補救教學理念與補救教學成效相關之個人背景變項說明如下：

原住民重點國民中學教師個人背景變項部分共分為九項

一、是否為原住民籍：是、否

二、教師性別：男、女

三、教學年資：3 年以下、4-10 年、11-20 年、20 年以上

四、最高學歷：博士、碩士(含四十學分班)、大學、專科

五、擔任職務：主任、組長、導師、專任教師

六、是否完成補救教學八小時訓練課程：是、否

七、是否修習多元文化學分或參加多元文化十八小時研習課程：是、否

八、學校所在地：原住民區、非原住民區

九、學校規模：六班以下、七到十二班、十三班以上

貳、教師專業素養量表

　　本研究教師專業素養乃教師從事教學專業工作時所應具備的專業知識、專業能力、專業態度、人格特質與多元文化素養，因此本教師專業素養量表共分為、專業知識、專業能力、專業態度、人格特質、多元文化素養等 5 大構面，其內容說明如下：

(一)專業知識：專門學科知識、課程教材知識、教育方法知識、學生學習發展知識、與多元文化知識等。

(二)專業能力：

　　1.教學能力：教學計畫與準備能力、實施教學能力、教學評量能力。

　　2.行政能力：參與校務能力、班級經營能力。

　　3.互動能力：語文表達能力、人際溝通能力、輔導學生能力。

　　4.研究能力：專業成長能力。

(三)專業態度：教育信念、教師形象、專業倫理。

(四)人格特質：具創造力、幽默風趣、快樂的、友善的、與眾不同等。

(五)多元文化素養：多元文化知識、文化回應教學能力、公平正義之思維。

　　本原住民重點國民中學教師專業素養量表共分為 5 大構面，題目內容包含專業知識部分共有 12 題、專業能力部分共有 18 題、專業態度部分共有 11 題、人格特質部分共有 10 題，多元文化素養部分有 12 題，教師專業素養量表總計題目 63 題。如附錄二。

　　首先將所蒐集的師專業素養量表預試問卷資料，進行項目分析檢驗、內部一致性考驗、因素分析、效度分析以確認題目是否保留或刪除，以確定本量表的效度與信度。本研究分析如下：

一、項目分析檢驗

　　以量表各項目的描述統計資料之平均數、標準差、偏態與峰度作為判斷刪除的依據，其判斷標準說明如下：

(一)項目平均數超過全量表平均數的正負 1.5 個標準差，本量表總平均數為 3.95，
　　上下 1.5 個標準差值為 3.1—4.77，本量表各題平均數皆符合要求無須刪除。

(二)標準差低於.60 為低鑑別度題目應予刪除，本量表計有第 14、19 題。

(三)偏態明顯(偏態係數絕對值大於 1)，本量表計有第 2、4、5、11、53 其絕對值大於
　　1 以上應予刪除。

(四)峰度絕對質大於 7，本量表各題峰度皆小於 7 無須刪除。

　　根據以上判斷標準，本量表共計刪除第 2、4、5、11、14、19、53 題，總計'刪除 7 題，剩餘 56 題進入下一階段，項目分析摘要如表 3-5-1。

表 3-5-1 教師專業素養量表項目描述統計分析摘要

題號	題型	平均數	標準差	偏態	峰度	保留○／刪除 X
1	專業知識 1	4.04	.651	-.963	3.752	○
2	專業知識 2	4.07	.642	**-1.019**	4.198	X 偏態
3	專業知識 3	4.02	.619	-.868	4.060	○
4	專業知識 4	4.07	.743	**-1.234**	3.765	X 偏態
5	專業知識 5	4.04	.726	**-1.134**	3.742	X 偏態
6	專業知識 6	4.12	.678	-.972	3.297	○
7	專業知識 7	3.98	.679	-.624	2.088	○
8	專業知識 8	4.03	.733	-.965	2.369	○
9	專業知識 9	4.13	.685	-.814	2.550	○
10	專業知識 10	3.69	.765	-.556	1.376	○
11	專業知識 11	3.91	.674	**-1.232**	4.656	X 偏態
12	專業知識 12	3.95	.677	-.777	2.539	○
13	專業能力 1	3.88	.624	-.758	3.101	○

14	專業能力 2	4.05	**.545**	.035	.421	X 標準差過小
15	專業能力 3	3.79	.686	-.011	-.312	○
16	專業能力 4	3.91	.658	-.259	.247	○
17	專業能力 5	3.80	.760	-.113	-.423	○
18	專業能力 6	3.92	.600	-.205	.477	○
19	專業能力 7	4.01	**.555**	-.293	1.458	X 標準差過小
20	專業能力 8	3.82	.764	-.363	.582	○
21	專業能力 9	4.03	.632	-.227	.259	○
22	專業能力 10	3.97	.706	-.098	-.575	○
23	專業能力 11	3.76	.731	.016	-.456	○
24	專業能力 12	3.96	.688	-.259	.004	○
25	專業能力 13	4.12	.685	-.467	.323	○
26	專業能力 14	4.05	.617	-.246	.467	○
27	專業能力 15	3.88	.685	-.006	-.483	○
28	專業能力 16	4.15	.703	-.363	-.391	○
29	專業能力 17	4.08	.666	-.438	.531	○
30	專業能力 18	4.18	.657	-.199	-.698	○
31	專業態度 1	4.14	.623	-.104	-.457	○
32	專業態度 2	3.93	.772	-.328	.317	○
33	專業態度 3	3.91	.73	-.249	-.192	○
34	專業態度 4	3.66	.851	-.582	.564	○
35	專業態度 5	4.1	.635	-.476	1.025	○
36	專業態度 6	4.14	.66	-.156	-.698	○
37	專業態度 7	4.01	.71	-.434	.26	○
38	專業態度 8	4.03	.792	-.668	.297	○
39	專業態度 9	4.1	.673	-.449	.445	○
40	專業態度 10	3.81	.775	-.85	1.881	○
41	專業態度 11	4.07	.645	-.444	.815	○
42	人格特質 1	4.08	.756	-.604	.893	○
43	人格特質 2	3.93	.665	-.099	-.243	○
44	人格特質 3	3.66	.734	.114	-.431	○
45	人格特質 4	3.70	.759	-.117	.320	○
46	人格特質 5	3.94	.607	-.199	.434	○

47	人格特質 6	4.01	.698	-.307	-.029	○
48	人格特質 7	4.00	.680	-.801	2.601	○
49	人格特質 8	3.95	.679	-.747	2.404	○
50	人格特質 9	3.86	.719	-.598	1.426	○
51	人格特質 10	3.49	.741	.276	-.256	○
52	多元文化 1	4.24	.716	-.935	1.357	○
53	多元文化 2	4.23	.747	**-1.007**	1.998	X 偏態
54	多元文化 3	4.06	.816	-.756	.812	○
55	多元文化 4	4.13	.727	-.863	2.032	○
56	多元文化 5	3.97	.680	-.281	.112	○
57	多元文化 6	3.86	.708	-.079	-.377	○
58	多元文化 7	3.80	.749	.116	-.746	○
59	多元文化 8	3.82	.668	.224	-.765	○
60	多元文化 9	3.68	.730	-.197	603	○
61	多元文化 10	3.84	.685	.064	-.532	○
62	多元文化 11	3.83	.757	.067	-.780	○
63	多元文化 12	3.69	.807	.053	-.121	○

二、內部一致性效標檢定

　　主要利用 t 檢定來找出題目之間的鑑別度，以前 27%和後 27%的樣本來做比對差異，在每一題中找出極端的兩組看他們回答的平均數高低差異，來找出此題是否具有鑑別度，如果 CR 絕對值小於 3 即表示未具有顯著差異，則該題目與予刪除。由表 3-5-2 得知，本量表差異性檢定的結果所有題目均達顯著水準，表示題目之鑑別力很好，所有預試題目(56 題)全數保留，如表 3-5-2 所示。

表 3-5-2　教師專業素養量表內部一致性效標檢定結果摘要表

變項	題項	CR 值	保留○／刪除 X
	專業知識1	-4.925***	○
專	專業知識3	-5.683***	○
業	專業知識6	-7.260***	○
知	專業知識7	-8.747***	○
識	專業知識8	-6.343***	○

	專業知識9	-5.127***	○
	專業知識10	-4.775***	○
	專業知識12	-5.812***	○
專業能力	專業能力2	-4.973***	○
	專業能力3	-4.865***	○
	專業能力4	-7.390***	○
	專業能力5	-6.292***	○
	專業能力6	-5.155***	○
	專業能力8	-4.770***	○
	專業能力9	-5.968***	○
	專業能力 10	-7.840***	○
	專業能力 11	-9.328***	○
	專業能力 12	-6.443***	○
	專業能力 13	-8.212***	○
	專業能力 14	-5.891***	○
	專業能力 15	-6.981***	○
	專業能力 16	-8.802***	○
	專業能力 17	-7.870***	○
	專業能力 18	-6.311***	○
專業態度	專業態度 1	-11.426***	○
	專業態度 2	-10.048***	○
	專業態度 3	-5.504***	○
	專業態度 4	-6.888***	○
	專業態度 5	-7.268***	○
	專業態度 6	-9.954***	○
	專業態度 7	-7.427***	○
	專業態度 8	-4.816***	○
	專業態度 9	-6.658***	○
	專業態度 10	-4.360***	○
	專業態度 11	-7.832***	○
人格特	人格特質 1	-10.723***	○
	人格特質 2	-5.723***	○
	人格特質 3	-6.267***	○

質	人格特質 4	-6.071***	○
	人格特質 5	-7.459***	○
	人格特質 6	-6.978***	○
	人格特質 7	-6.256***	○
	人格特質 8	-6.990***	○
	人格特質 9	-6.093***	○
	人格特質 10	-6.547***	○
多元文化素養	多元文化素養 1	-7.314***	○
	多元文化素養 2	-6.886***	○
	多元文化素養 4	-6.692***	○
	多元文化素養 5	-6.983***	○
	多元文化素養 6	-6.945***	○
	多元文化素養 7	-7.969***	○
	多元文化素養 8	-7.339***	○
	多元文化素養 9	-8.357***	○
	多元文化素養 10	-9.293***	○
	多元文化素養 11	-8.901***	○
	多元文化素養 12	-4.669***	○

三、相關分析法

　　同一題本的試題都是在測同一種屬性，因此試題彼此間應該要有高相關，每個題目與量表總分也應該要有高相關，題目與總量表相關須達到.30 以上，且要達到統計的顯著水準。本量表題目與總量表相關均達到.30 以上，顯著水準達.001 以上，為求精簡題目將相關.50 以下題目刪除，因此再刪掉第 10(專業知識 10)、33(專業態度 3)、38(專業態度 8)、63(多元文化素養 12)等 4 題，問卷題目剩下 52 題，如下表 3-5-3 所示。

表 3-5-3　教師專業素養量表相關分析結果摘要表

變項	題項	CR 值	相關 r	保留○／刪除 X
	專業知識1	-4.925***	.515	○
	專業知識3	-5.683***	.569	○

專業知識	專業知識6	-7.260***	.586	○
	專業知識7	-8.747***	.674	○
	專業知識8	-6.343***	.569	○
	專業知識9	-5.127***	.518	○
	專業知識10	-4.775***	**.483**	X (r<.50)
	專業知識12	-5.812***	.513	○
專業能力	專業能力2	-4.973***	.576	○
	專業能力3	-4.865***	.517	○
	專業能力4	-7.390***	.640	○
	專業能力5	-6.292***	.522	○
	專業能力6	-5.155***	.522	○
	專業能力8	-4.770***	.538	○
	專業能力9	-5.968***	.614	○
	專業能力10	-7.840***	.674	○
	專業能力11	-9.328***	.686	○
	專業能力12	-6.443***	.676	○
	專業能力13	-8.212***	.765	○
	專業能力14	-5.891***	.613	○
	專業能力15	-6.981***	.653	○
	專業能力16	-8.802***	.732	○
	專業能力17	-7.870***	.706	○
	專業能力18	-6.311***	.645	○
專業態度	專業態度1	-11.426***	.718	○
	專業態度2	-10.048***	.702	○
	專業態度3	-5.504***	**.475**	X (r<.50)
	專業態度4	-6.888***	.601	○
	專業態度5	-7.268***	.726	○
	專業態度6	-9.954***	.762	○
	專業態度7	-7.427***	.595	○
	專業態度8	-4.816***	**.490**	X (r<.50)
	專業態度9	-6.658***	.659	○
	專業態度10	-4.360***	.547	○
	專業態度11	-7.832***	.665	○

人格特質	人格特質 1	-10.723***	.713	○
	人格特質 2	-5.723***	.552	○
	人格特質 3	-6.267***	.589	○
	人格特質 4	-6.071***	.558	○
	人格特質 5	-7.459***	.659	○
	人格特質 6	-6.978***	.635	○
	人格特質 7	-6.256***	.674	○
	人格特質 8	-6.990***	.642	○
	人格特質 9	-6.093***	.601	○
	人格特質 10	-6.547***	.527	○
多元文化素養	多元文化素養 1	-7.314***	.574	○
	多元文化素養 2	-6.886***	.596	○
	多元文化素養 4	-6.692***	.657	○
	多元文化素養 5	-6.983***	.671	○
	多元文化素養 6	-6.945***	.607	○
	多元文化素養 7	-7.969***	.701	○
	多元文化素養 8	-7.339***	.629	○
	多元文化素養 9	-8.357***	.677	○
	多元文化素養 10	-9.293***	.668	○
	多元文化素養 11	-8.901***	.624	○
	多元文化素養 12	-4.669***	**.461**	X (r<.50)

四、因素分析法

本研究採用主成份分析法並配合最大變異法（Varimax）進行正交轉軸（orthogonal rotation），選取特徵值大於一的因素，刪除專業知識 1、3、9 題，專業能力 2、3、5、6、10、11、14、16 題，專業態度 1、2、4、10 題，人格特質 1、2 題，多元文化素養 1、2、4、5、6、7 題，總計共刪除 23 題共得到五個因素，如表 3-5-4。本量表 KMO 值.888(顯著性.000)為良好的因素分析適合性，分析結果五個因素的特徵值分別為 12.533、2.232、1.841、1.455、1.374，其解釋變異量分別為 43.286％、7.698%、6.349%、4.984%、4.738%，累積的解釋變異量為 67.055%，研究者依各因素所匯集題目共同特性命名因素一為「專業能力」共有 8 題，因素二為「人格特

質」共有 8 題，因素三為「專業能態度」共有 5 題，因素四為「多元文化素養」共有 4 題，因素五為「專業知識」共有 4 題，總計 29 道題，如附錄四。

表 3-5-4 教師專業素養轉軸後成份矩陣因素分析摘要表

題號	元件					解釋變異量	累積解釋總變異量
	因素一(專業能力)	因素二(人格特質)	因素三(專業態度)	因素四(多元文化)	因素五(專業知識)		
專業知識 6					.747	4.738%	67.055%
專業知識 7					.704		
專業知識 8					.754		
專業知識 12					.760		
專業能力 4	.583					43.286%	
專業能力 8	.742						
專業能力 9	.618						
專業能力 12	.630						
專業能力 13	.634						
專業能力 15	.682						
專業能力 17	.667						
專業能力 18	.583						
專業態度 5			.604			6.349%	
專業態度 6			.644				
專業態度 7			.706				
專業態度 9			.698				
專業態度 11			.662				
人格特質 3		.542				7.698%	
人格特質 4		.780					
人格特質 5		.649					
人格特質 6		.634					
人格特質 7		.758					
人格特質 8		.782					
人格特質 9		.693					
人格特質 10		.561					

多元文化 8	.649	4.984%
多元文化 9	.731	
多元文化 10	.807	
多元文化 11	.744	

　　本教師專業素養預試量表經過項目描述統計分析刪掉 7 題，相關係數分析刪掉 4 題，因素分析刪掉 23 題，總計刪除 34 題，剩餘題目共 29 題，刪題後題目內容如表 3-5-5。

表 3-5-5 教師專業素養量表正式問卷題目內容

構面	題目內容
專業知識	1.我教學時能有效連結學生新舊相關知識，並結合學生生活經驗
	2.我了解國中階段學生的各種身心問題與發展狀況
	3.我會關心最近社會上有關教育議題、活動
	4.我具有多元文化之教育理念
專業能力	5.我會依學習主題設計學習單或補充教材以補課本之不足
	6.我願意擔任公開課並與其他老師討論精進教學技巧
	7.我在課堂上會善用發問技巧引發學生討論
	8.我會訂立明確的班規妥善處理班級問題
	9.我會依照自己的專長和風格建立自己班級特色
	10.我會隨時提供學校相關訊息供家長知道
	11.我會運用閒暇時間自我閱讀找尋資料與方法解決教學問題
	12.即使沒有獎勵措施，我也常保持學習的心，不斷地進修成長
專業態度	13.我會要求自己的言行舉止符合教師的規範和期望
	14.從事教育是一件相當充實而有意義的工作
	15.教師是專業人員應受到社會大眾的尊敬
	16.教師對學生的期望會影響學生學習成就
	17.我會經常反省自己的專業決定
人格特質	18.我是個具有創造力的老師
	19.我是個幽默風趣的人

20.我是樂觀進取自我成長之教師

21.我待人誠懇有親和力

22.我關懷社會樂於助人

23.我是個宅心仁厚富正義感之教師

24.我做事積極有條有理

25.我是個與眾不同的教師

多元文化素養	26.我在評量學生時會考慮學生的文化背景因素
	27.我在佈置學習環境時會考慮到學生族群文化特色
	28.在教學前我會省思我對其他族群的刻板印象與意識形態
	29.我會帶領學生讓他們體驗不同的族群文化

五、信度考驗

　　以最後定稿之 29 題正式問卷，依各分量表及總量表進行 Cronbach's α 信度考驗，如表 3-5-6 顯示，本量表的信度採內部一致性來加以考驗，各分量之 Cronbach's α 係數介於.841--.896 間，總量表之 Cronbach's α 值為 .952，顯示教師專業素養量表信度良好。

表 3-5-6　教師專業素養量表信度分析摘要表

分量表	題目個數	Cronbach's α 值
專業知識	4	.84
專業能力	8	.90
專業態度	5	.89
人格特質	8	.90
多元文化	4	.84
教師專業素養總量表	29	.95

六、驗證性因素分析

　　本研究依文獻探討與實務工作經驗設計預試問卷，並於預試問卷施測完成後，先進行探索性因素分析後，做成正式問卷，並於正式問卷回收後再進行驗證性因素分

析，教師專業素養由五個構面所組成，為了刪除項目並確認指標的信、效度，因此，進行一階及二階驗證性因素分析。

　　分析前先就模式配適度的檢核指標進行說明。Bagozzi和Yi（1988）認為理論模式與實際資料是否契合，必須同時考慮到基本配適度指標（perliminary fit criteria）、整體模式配適度指標（overall model fit）及模式內在結構配適度指標（fit of internal structural model）等三方面。整體模式配適度指標在檢核整個模式與觀察資料的配適程度，可以說是模式外在品質的考驗；而模式內在結構配適度指標則在檢核模式內估計參數的顯著程度以及各指標及潛在變項的信度等，屬於模式的內在品質。以下先說明配適度各項檢核指標，以做為評估時的依據；接著針對每個向度進行一階驗證性因素分析，讓每個向度的項目得以確立；最後則就每個層面執行二階驗證性因素分析，確保每個層面解構成各該向度是合理且必須的，以作為整體模型路徑分析之依據。

　　以下說明各項配適指標標準：

(一)模式配適度檢核指標

1.基本配適度指標

　　基本配適度檢核之目的乃在確認有無違反估計，亦即在進行模式檢核前，需先確立所估計參數並未違反統計所能接受的範圍，若是違反估計時即表示模式有問題。基本配適度的指標如下：

(1)估計參數中不能有負的誤差變異。

(2)所有誤差變異須達到顯著水準。

(3)因素負荷量介於 .5~ .95之間。

(4)參數間相關的絕對值不能太接近1。

2.整體模式配適度指標

　　屬於模式外在品質的考驗，透過整體模式配適度的檢核，表示模式整體上具有效度，進行整體模式配適度檢核的指標包括：

(1) χ^2值比率小於3。

(2)配適度指標（Goodness of Fit Index, GFI）.9以上。

(3)調整之配適度指標（adjusted-goodness-of-fit index, AGFI）.9以上。

(4)均方根殘差值（Root Mean square Residual, RMR）.05以下。

(5)標準化均方根殘差值（Standardized Root Mean Square Residual, SRMR）.05以下。

(6)近似均方根誤差（Root Mean square Residual of Approximation, RMSEA）.08以下。

(7)精簡配適度指標（Parsimonious Goodness-Fit Index, PGFI）.5以上。

(8)精簡規範配適度指標（Parsimonious Normed Fit Index, PNFI）.5以上。

(9)標準配適度指標（NormED- Fit Index, NFI）大於 .9以上。

(10)非規範配適度指標（Tuchker-Lewis Index, TLI）.9以上。

(11)成長配適度指標（Incremental Fit Index, IFI）.9以上。

(12)比較性配適度指標（Comparative Fit Index, CFI）.9以上。

3.模式內在結構配適度指標：

(1)各項目信度 .5以上。

(2)組合信度（composite reliability, CR） .7以上。

(3)平均變異數萃取量（average of variance extracted, AVE） .5以上。

(二)教師專業素養構面之一階驗證性因素分析

　　「教師專業素養」構面係由專業知識、專業能力、專業態度、人格特質與多元文化素養等五個子構面所構成，為了確認子構面的信、效度以利於進行後續的模型分析，因此本研究先針對每個子構面進行驗證性因素分析(CFA)。

1.「專業知識」構面之驗證性因素分析

　　專業知識構面共有四個題項，自由度為4×5/2=10df，共估計4個殘差加上1個變異數及4個因素負荷量，自由度大於估計參數，模型屬於過度辨識，符合理論上模型正定的要求。執行CFA後，由圖3-5-1可知，GFI=1.00 > .9、AGFI=.999 > .9、卡方自由度比值=.094 ≤3、rmsea=.000 ≤ .08，配適度頗為理想。而「知識3」的因素負荷量為 .64雖未達 .7的標準，但仍是可接受的範圍，其餘各項目均超過 .7以上且未超過 .95以上。

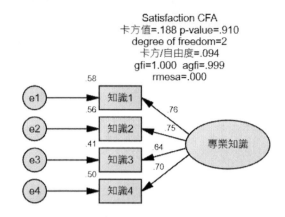

圖 3-5-1 專業知識一階驗證性因素分析圖

　　標準誤介於 .096-- .102，殘差介於 .172-- .30均為正數且顯著(t > 1.96)，顯見無違犯估計。組合信度為 .805，超過 .7的標準；平均變異數萃取量為 .510，超過 .5的標準，如表3-5-7所示本模型配適度頗佳，因此將該四個題項全部予以保留至下一階段進行分析，專業知識構面修正後題目內容如表3-5-8。

表 3-5-7　專業知識構面驗證性因素分析表

變項	因素負荷	標準誤	t值	誤差變異	t值	CR	AVE
專業知識						0.805	0.510
知識1	0.76	0.096	10.83	0.172	8.32		
知識2	0.75	0.102	9.626	0.196	8.49		
知識3	0.64	0.10	10.653	0.30	10.07		
知識4	0.70	0.096	10.83	0.235	8.97		

表 3-5-8　教師專業知識構面修正後題目內容

構面	原題號	新題號	題目
專業	知識 1	1	我教學時能有效連結學生新舊相關知識，並結合學生生活經驗

知識	知識2	2	我了解國中階段學生的各種身心問題與發展狀況
	知識3	3	我會關心最近社會上有關教育議題、活動
	知識4	4	我具有多元文化之教育理念

2.「專業能力」構面之驗證性因素分析

　　專業能力共有8各個題項，自由度為8×9/2=36df，共估計8個殘差加上1個變異數及8個因素負荷量，自由度大於估計參數，模型屬於過度辨識，符合理論上模型正定的要求。當把8個項目做CFA分析後，由圖3-5-2發現模型中卡方自由度比值(=7.085)、GFI(=.896)、AGFI(=.813)、RMESA(=.139)皆未達標準，必須進行刪題修正。

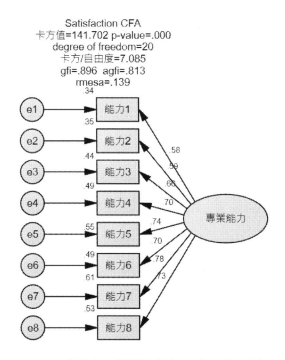

圖 3-5-2 專業能力一階驗證性因素修正前分析圖

　　依據修正指標刪除MI值較高之題項，依序刪除能力7(MI=21.725)，刪除後各項指標除GFI= .939外都未達標準，再刪除能力2(MI=11.566)，刪除後normed chi-square=3.755>3、rmsea=.093>.08必須再做修正，再刪除能力4(MI=7.040)後各項指標均符合標準，但能力1因素負荷值.58太低必須予以刪除，刪題後如圖3-5-3，GFI≧ .9、AGFI≧ .9、 normed chi-square<3、rmsea< .08，配適度頗為理想。而「能力8」的因素負荷量為 .66，雖未達 .7的標準，但仍是可接受的範圍，其餘各項目均超過 .7以上且未超過 .95以上。

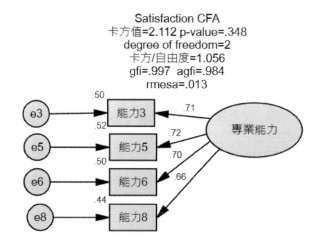

圖 3-5-3 專業能力一階驗證性修正後分析圖-

　　由表3-5-9得知標準誤介於 .158-- .174間並沒有太大(t >1.96)，殘差均為正數且顯著，顯見無違犯估計。組合信度為 .796，超過 .7的標準；平均變異數萃取量為 .494，接近 .5的標準，配適度均在可接受的範圍，因此將該四個題項全部予以保留至下一階段的分析，一階驗證性分析刪題後的題目內容如表3-5-10。

表 3-5-9 專業能力構面驗證性因素分析表

變項	因素負荷	標準誤	t值	誤差變異	t值	CR	AVE
專業能力						0.796	0.494
能力3	0.714	0.168	12.719	0.025	9.113		
能力5	0.723	0.165	12.986	0.024	8.852		
能力6	0.705	0.174	12.688	0.027	9.199		
能力8	0.662	0.158	11.804	0.022	9.883		

t值 >1.96代表顯著

表 **3-5-10** 專業能力構面修正後題目內容

構面	題號	新題號	題目內容
	能力3	5	我在課堂上會善用發問技巧引發學生討論-
專業	能力5	6	我會依照自己的專長和風格建立自己班級特色
能力	能力6	7	我會隨時提供學校相關訊息供家長知道
	能力8	8	即使沒有獎勵措施，我也常保持學習的心，不斷地進修成長

3.「專業態度」構面之驗證性因素分析

　　專業態度構面共有5個題項，自由度為5×6/2=15df，共估計5個殘差加上1個變異數及5個因素負荷量，自由度大於估計參數，模型屬於過度辨識，符合理論上模型正定的要求。執行CFA後，由圖3-5-4可知，GFI (=.991)> .9、AGFI(=.973)> .9、normed chi-square (=.1.524)<3、rmsea (= .041)< .08。

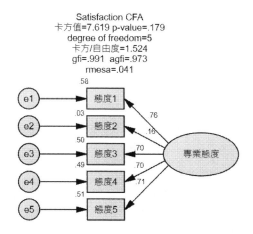

圖 3-5-4 專業態度驗證性因素修正前分析圖

　　但是「態度2」的因素負荷量為 .16未達 .7的標準，予以刪除，刪除後模型如圖3-5-5，GF I (=.993)> .9、AGFI(=.963)> .9、normed chi-square (=.2.50)<3、rmsea (=.069)< .08，4個項目因素負荷量均超過 .7以上且未超過 .95以上。

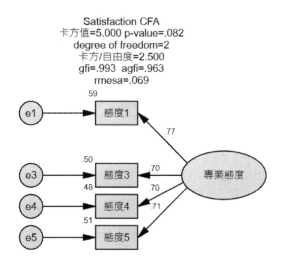

圖 3-5-5 專業態度驗證性因素修正後分析圖

　　由表3-5-11得知，刪題後標準誤並沒有太大，殘差均為正數且顯著，顯見無違犯估計，組合信度為 .812，超過 .7的標準；平均變異數萃取量為 .519，超過 .5的標準，配適度頗為理想，因此將該四個項目全部予以保留至下一階段進行分析，題目內容如表3-5-12。

表 3-5-11　專業態度構面驗證性因素分析表

變項	因素負荷	標準誤	t值	誤差變異	t值	CR	AVE
專業態度						0.812	0.519
態度 1	0.765	0.147	14.332	0.031	7.166		
態度3	0.705	0.169	12.971	0.019	8.236		
態度 4	0.696	0.157	12.768	0.026	9.601		
態度5	0.713	0.152	13.105	0.022	9.718		

t值 > 1.96代表顯著

表 3-5-12　專業態度構面驗證性因素分析後題目內容

構面	題號	新題號	題目內容

	態度1	9	我會要求自己的言行舉止符合教師的規範和期望
專業	態度3	10	教師是專業人員應受到社會大眾的尊敬
態度	態度4	11	教師對學生的期望會影響學生學習成就
	態度5	12	我會經常反省自己的專業決定

4.「人格特質」構面之驗證性因素分析

　　人格特質構面共有8個題項，自由度為8×9/2=36df，共估計8個殘差加上1個變異數及8個因素負荷量，自由度大於估計參數，模型屬於過度辨識，符合理論上模型正定的要求。執行CFA後，由圖3-5-6可知，GF I (=.921)> .9、AGFI(=.858)< .9、normed chi-square (=5.501)>3、rmsea (=.113)> .08，模型配適度不良必須刪題修正。

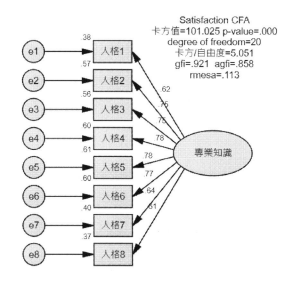

圖 3-5-6　人格特質一階驗證性因素修正前分析圖

　　依據修正指標(MI)刪除人格1(MI=11.598)，刪除後normed chi-square (=.3.995)>3、rmsea (=..097)>.08。再刪除人格8(MI=5.627)後normed chi-square (=.3.848)>3、rmsea (=.095)>.08，仍然未達標準，再刪除人格4(MI=5.196)。刪除後模型如圖3-5-7，GF I (=.985)> .9、AGFI(=.956)> .9、normed chi-square (=.2.390)<3、rmsea (=..066)<.08。

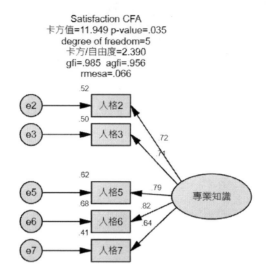

圖 3-5-7 人格特質一階驗證性因素修正後分析圖

　　其中人格特質7之因素負荷量為.64，雖未達.70但屬於可接受範圍，其餘4個項目因素負荷量均超過 .7以上且未超過 .95以上，標準誤沒有太大，殘差均為正數且顯著，顯見無違犯估計如表3-5-13所示，組合信度為.856，超過 .7的標準；平均變異數萃取量為 .546，超過 .5的標準，配適度良好，因此將該5個項目全部予以保留至下一階段進行分，題目內容如表3-5-14。

表 3-5-13　人格特質構面驗證性因素分析表

變項	因素負荷	標準誤	t值	誤差變異	t值	CR	AVE
人格特質						0.856	0.546
人格 2	0.724	0.168	14.055	0.025	10.339		
人格3	0.709	0.145	13.617	0.018	10.439		
人格 5	0.789	0.151	15.865	0.019	9.294		
人格6	0.822	0.149	16.783	0.018	8.395		
人格7	0.642	0.172	12.011	0.027	11.2		

t>1.96代表顯著

表 **3-5-14**　人格特質構面驗證性因素分析後題目內容

構面	題號	新題號	題目內容
	人格2	13	我是個幽默風趣的人
人格	人格3	14	我是樂觀進取自我成長之教師
特質	人格5	15	我關懷社會樂於助人
	人格6	16	我是個宅心仁厚富正義感之教師
	人格7	17	我做事積極有條有理

5.「多元文化素養」構面之驗證性因素分析

　　多元文化素養構面共有4個題項，自由度為4×5/2=10df，共估計4個殘差加上1個變異數及4個因素負荷量，自由度大於估計參數，模型屬於過度辨識，符合理論上模型正定的要求。執行CFA後，由圖3-5-8可知IGF Ⅰ (=.995)> .9、AGFI(=.977)> .9、normed chi-square (=.1.506)<3、rmsea (=..040)<.08。

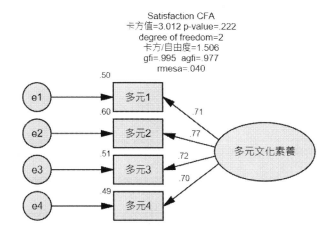

圖 3-5-8　多元文化素養一階驗證性因素分析圖

　　4個項目因素負荷量均超過 .7以上且未超過 .95以上，標準誤沒有太大，殘差均為正數且顯著，顯見無違犯估計如表3-5-15所示，組合信度為.814，超過 .7的標準；平均變異數萃取量為 .522，超過 .5的標準，表示模型配適度良好，因此將該4個項目全部予以保留至下一階段進行分析，題目內容如表3-5-16。

表 3-5-15 多元文化素養構面驗證性因素分析表

變項	因素負荷	標準誤	t值	誤差變異	t值	CR	AVE
多元文化素養						0.814	0.522
多元1	0.713	0.177	12.967	0.027	8.996		
多元2	0.773	0.183	13.685	0.028	8.322		
多元3	0.716	0.175	12.811	0.026	9.125		
多元4	0.695	0.181	12.351	0.028	9.471		

t>1.96代表顯著

表 3-5-16 多元文化素養構面驗證性因素分析後題目內容

構面	題號	新題號	題目內容
多元文化素養	多元1	18	我在與學生互動溝通時我會使用學生慣用的方式、語言、文化等
	多元2	19	我在課程設計時會將學生的文化融入其中
	多元3	20	我在佈置學習環境時會考慮到學生族群文化特色
	多元4	21	我會帶領學生讓他們體驗不同的族群文化

(二)教師專業素養構面之二階驗證性因素分析

　　教師專業素共有五個子構面，分別為「專業知識」、「專業能力」、「專業態度」、「人格特質」與「多元文化素養」，經一階驗證性因素分析後，接著進行二階驗證性因素分析後，以利進行測量模型評鑑，此部分共分為四個階段來檢驗模型的配適度，階段一：檢驗違反估計、階段二：檢驗模型配適度、階段三：檢驗收斂效度、階段四：檢驗區別效度。教師專業素養二階驗證模型如圖 3-5-9 所示。

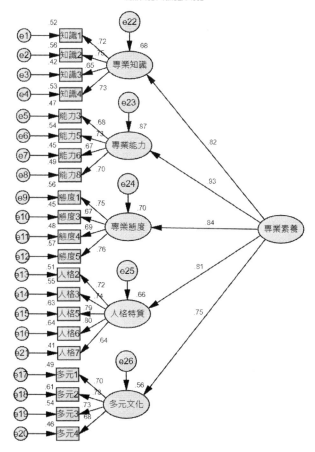

圖 3-5-9　教師專業素養二階驗證性因素標準化估計分析圖

1.檢驗違反估計

　　首先，就基本配適度指標而言，觀察表 3-5-18 所有題項的標準化迴歸加權系數(因素負荷量)介於 .644— .925 之間並沒有太大(< .95)，標準誤介於 .109— .463 之間，也沒有太大的標準誤(達顯著水準)；測量誤差值變異數介於 .191— .295 之間而且全部為正數且顯著，顯見本模型並沒有違反估計原則，表示模型的內在配適度的品質理想。

2.檢驗模型配適度

　　從表 3-5-17 中所示在整體模式配適度的各項評鑑指標中 X² 值達到顯著水準(P=.000)，在其餘配適度指標判斷上：絕對配適度指數、增量配適度指數與精簡配適度指數所呈現的統計量均達到標準值或可以接受值(符合多數決原則)，因此，研判概念模型中教師專業素養的外在品質已符合一般學術研究的要求。

表 **3-5-17** 教師專業素養測量模型配適度指標檢核表

統計檢定量		標準值	教師專業素養
	χ^2	越小越好(P≧ α 值)	340.755(P=.000)*
	χ^2/df	1~5 之間	1.852*
絕對配適指標	GFI	大於 0.9	.908*
	AGFI	大於 0.9	.884
	RMR	小於 0.08	.021*
	SRMR	小於 0.08	.046*
	RMSEA	小於 0.08	.052*
增量配適指標	NFI	大於 0.9	.894
	NNFI	大於 0.9	.941*
	CFI	大於 0.9	.948*
	RFI	大於 0.9	.879
	IFI	大於 0.9	.948*
精簡配適指標	PNFI	大於 0.5	.784*
	PGFI	大於 0.5	.723*
	CN	大於 200	216*

註：*表示合乎標準值

3.檢驗收斂效度

　　此外，如表 3-5-18 所示，本模式的各子構面的組合信度分別介 .713— .860 之間，皆大於 .6，各子構面的平均變異數抽取量分別介於 .484— .536 之間，只有專業能力之 AVE 值 .484< .5(接近 .5)，其餘各構面皆> .5。整體而言，教師專業素養構面已能符合收斂效度之要求。

表 3-5-18　教師專業素養構面二階驗證性分析表

變項	因素負荷	標準差	t 值	誤差變異	t 值	多元相	CR	AVE
第一階								
專業知識							0.713	0.508
知識 1	0.715	0.124	9.191	0.191	9.753	0.513		
知識 2	0.746	0.128	9.727	0.192	9.288	0.578		
知識 3	0.65	0.132	8.913	0.295	10.529	0.498		
知識 4	0.734	0.133	9.775	0.222	9.47	0.49		
專業能力							0.790	0.484
能力 3	0.684	0.149	5.519	0.235	10.174	0.583		
能力 5	0.734	0.151	5.673	0.202	9.69	0.429		
能力 6	0.668	0.151	5.404	0.274	10.445	0.458		
能力 8	0.696	0.134	5.688	0.206	10.265	0.537		
專業態度							0.822	0.536
態度 1	0.751	0.122	9.959	0.167	9.113	0.65		
態度 3	0.673	0.135	9.232	0.25	10.088	0.643		
態度 4	0.694	0.122	9.56	0.21	10.099	0.531		
態度 5	0.760	0.117	10.482	0.169	9.132	0.506		
人格特質							0.860	0.536
人格 2	0.716	0.132	10.710	0.264	10.458	0.542		
人格 3	0.738	0.109	11.237	0.182	10.225	0.422		
人格 5	0.802	0.124	11.817	0.164	9.202	0.557		
人格 6	0.806	0.126	11.57	0.158	9.082	0.511		
人格 7	0.644	0.124	10.000	0.283	10.963	0.542		
多元文化素養							0.813	0.521
多元 1	0.701	0.138	10.172	0.248	9.844	0.485		
多元 2	0.776	0.144	10.902	0.229	8.909	0.446		
多元 3	0.733	0.133	10.716	0.228	9.442	0.549		

(續下頁)

(表 3-5-18 續)

多元 4	0.677	0.139	9.731	0.28	10.239	0.578		
第二階								
專業素養				**0.136**	**5.607**		**0.918**	**0.691**
專業知識	0.823	0.181	7.981	0.065	4.596	0.677		
專業能力	0.925	0.463	5.14	0.034	2.76	0.85		
專業態度	0.841	0.176	8.163	0.074	4.98	0.674		
人格特質	0.809	0.15	8.883	0.1	5.359	0.639		
多元文化	0.748	0.15	8.418	0.098	5.086	0.614		

4.檢驗區別效度

如表 3-5-19 所示，教師專業素養各構面之 AVE 平方根.701--.744 之間，且均大於各構面間的相關係數，顯示本量表具有良好的區別效度。

表 3-5-19　教師專業素養測量模型區別效度檢核表

構面	項目數	相關係數				
		A	B	C	D	E
A. 專業知識	4	**.73***				
B. 專業能力	4	.62**	**.70***			
C. 專業態度	4	.44**	.51**	**.73***		
D. 人格特質	5	.51**	.60**	.48**	**.74***	**
E. 多元文化	4	.54**	.56**	.40**	.57**	**.72***

註 1：取變數之平均數為量表中各構面之所有題項的加總平均值。

註 2：對角線之值為此一潛在變數之平均變異抽取量(*AVE*)的平方根，該值應大於非對角線之值。

註 3：*在顯著水準 α=0.05 時，變數間之相關係數達顯著水準。

經上述的模型評鑑過程後，從模型的配適度、各題項的標準化回歸系數、收斂效度、區別效度的驗證，整體而言本模型的外在品質與內在品質頗佳，亦即模式之徑路圖與實際觀察資料之配適度良好，研究者所提的教師專業素養建構效度之驗證性因素分析之模式圖，獲得統計上的支持；亦即專業素養的五個構面：專業知識、專業能力、專業態度、人格特質與多元文化素養所建構「專業素養共同因素」之因果理論模式與

實際資料能相配適，適合進行下一步驟的結構模型分析，以驗證各潛在變數間的因果
關係。

叁、補救教學理念量表

　　本量表參酌文獻資料及教育現場經驗來設計補救教學成效量表，本量表共有：學
校情境、行政支援、課程與教學效等 3 個子構面。並由這 3 個構面來探討對教師專業
素養與補救教學成效之影響。

(一)學校情境：學校文化、教師理念、教師補救教學知能。

(二)行政支援：行政組織規畫、教育資源投入、課程編班、師資訓練。

(三)課程教學：適性教學、彈性課程、多元評量、學習輔導策略、溝通關懷。

　　補救教學理念預試量表共有 3 個子構面，分別為學校情境部分共有 10 題、行政
支援部分共有 10 題、課程教學部分共有 15 題，總計本量表共有 35 題題目。本研究
將所蒐集的預試問卷資料，進行項目分析檢驗、內部一致性考驗，以確認題目是否保
留或刪除。進而進行因素分析、效度分析，以確定本量表的效度與信度。

一、項目分析檢驗

　　本研究以量表各項目的描述統計資料之平均數正負 1.5 個標準差、標準差小
於.60、偏態絕對值大於 1 與峰度超過 7 作為判斷刪除的依據，本量表各題平均數、
偏態、峰度皆符合要求無須刪除，僅第 23 題(SD=.566)、27 題(SD=.588)、32 題
(SD=.563)、34 題(SD=.599)，標準差低於.60 為低鑑別度題目與予刪除，本量表共計
刪除 4 題，剩餘 31 題進入下一階段，如表 3-5-20 所示。

表 3-5-20　補救教學成效量表項目分析檢驗摘要表

題號	題目類型	平均數 統計量	標準差 統計量	變異數 統計量	偏態 統計量	標準誤	峰度 統計量	標準誤	刪除說明 保留○／刪除 X
1	學校情境 1	3.96	.837	.701	-.782	.219	1.225	.435	○
2	學校情境 2	3.79	.730	.533	-.035	.219	-.419	.435	○
3	學校情境 3	3.71	.755	.570	-.288	.219	.538	.435	○
4	學校情境 4	3.80	.799	.639	-.419	.219	.412	.435	○
5	學校情境 5	3.99	.662	.438	-.339	.219	.392	.435	○
6	學校情境 6	4.00	.761	.579	-.573	.219	.920	.435	○
7	學校情境 7	3.83	.789	.622	-.525	.220	.667	.437	○

8	學校情境 8	3.92	.611	.373	-.178	.219	.325	.435	○
9	學校情境 9	3.84	.643	.414	-.795	.219	2.711	.435	○
10	學校情境 10	3.80	.712	.506	-.674	.219	1.558	.435	○
11	行政支援 1	3.74	.790	.625	-.618	.219	1.242	.435	○
12	行政支援 2	3.71	.787	.619	-.889	.219	1.539	.435	○
13	行政 3 運作	3.72	.730	.533	-.807	.219	1.367	.435	○
14	行政支援 4	3.80	.726	.527	-.076	.220	-.358	.437	○
15	行政支援 5	3.53	.742	.551	-.225	.220	-.237	.437	○
16	行政支援 6	3.45	.816	.666	.129	.220	-.449	.437	○
17	行政支援 7	3.58	.844	.713	.002	.220	-.586	.437	○
18	行政支援 8	3.83	.869	.756	-.522	.220	.118	.437	○
19	行政支援 9	3.73	.705	.496	-.284	.219	.066	.435	○
20	行政支援 10	3.77	.725	.525	-.149	.219	-.201	.435	○
21	課程與教學 1	3.71	.636	.405	.131	.219	-.391	.435	○
22	課程與教學 2	3.71	.610	.372	-.201	.219	.053	.435	○
23	課程與教學 3	3.90	**.566**	.321	-.297	.219	.907	.435	X 標準差太小
24	課程與教學 4	3.94	.607	.369	-.424	.219	1.113	.435	○
25	課程與教學 5	3.80	.700	.490	-.296	.219	.128	.435	○
26	課程與教學 6	3.80	.778	.606	-.496	.219	.687	.435	○
27	課程與教學 7	3.97	**.588**	.346	-.243	.219	.765	.435	X 標準差太小
28	課程與教學 8	3.81	.731	.534	-.207	.219	-.162	.435	○
29	課程與教學 9	3.96	.661	.436	-.831	.219	2.936	.435	○
30	課程與教學 10	3.34	.758	.575	.023	.219	.268	.435	○
31	課程與教學 11	3.61	.755	.569	-.047	.219	-.309	.435	○
32	課程與教學 12	4.07	**.563**	.317	.022	.219	.178	.435	X 標準差太小
33	課程與教學 13	3.99	.698	.488	-.877	.219	2.544	.435	○
34	課程與教學 14	4.07	**.599**	.359	-.023	.219	-.181	.435	X 標準差太小
35	課程與教學 15	4.23	.627	.393	-.417	.219	.399	.435	○

二、內部一致性效標檢定

　　將所有受測者當中，全量表整體得分最高(PR=73 以上)與最低(PR=27 以下)兩極端者予以歸類分組，各題目平均在這兩極端受試者中，以 t 檢定或 F 檢定來檢驗是否有顯著差異，有顯著者代表題目具有鑑別力，當 CR 絕對值小於 3 代表題目一致性不

佳應予刪除，本量表全部題目其決斷值(CR)絕對值都大於 3，故予全數保留，問卷題目共 31 題進入下一階段因素分析，如下表 3-5-21 所示。

表 3-5-21　補救教學理念量表內部一致性考驗摘要表

變項	題號	題項	CR 值	保留○／刪除 X
學校情境	1	學校情境1	-5.855	○
	2	學校情境2	-8.372	○
	3	學校情境3	-8.103	○
	4	學校情境4	-6.503	○
	5	學校情境5	-5.912	○
	6	學校情境6	-7.472	○
	7	學校情境7	-8.350	○
	8	學校情境8	-7.669	○
	9	學校情境9	-7.313	○
	10	學校情境10	-7.325	○
行政支援	11	行政支援1	-9.147	○
	12	行政支援2	-6.987	○
	13	行政支援3	-8.476	○
	14	行政支援4	-7.045	○
	15	行政支援5	-8.910	○
	16	行政支援6	-5.216	○
	17	行政支援7	-7.419	○
	18	行政支援8	-4.949	○
	19	行政支援9	-6.667	○
	20	行政支援10	-7.776	○
課程與教學	21	課程與教學1	-9.771	○
	22	課程與教學2	-8.157	○
	24	課程與教學4	-4.688	○
	25	課程與教學5	-7.772	○
	26	課程與教學6	-7.224	○
	28	課程與教學8	-7.844	○
	29	課程與教學9	-5.714	○
	30	課程與教學10	-6.637	○

31	課程與教學11	-7.624	○
33	課程與教學 13	-5.890	○
35	課程與教學15	-4.648	○

三、相關分析

　　針對每個題目與量表總分做績差相關分析，題目與總量表相關須達到要達到統計的顯著水準且相關係數需.30 以上。本量表為求精簡題目將相關.50 以下題目刪除，總計刪除第 1、16、18、35 共 4 題未達標準將題目刪除，如表 3-5-22 所示，剩下題目共 27 題進入下一階段分析。

表 3-5-22 補救教學理念量表相關係數考驗摘要表

變項	題號	題　項	相關(r)	保留○／刪除 X
	1	學校情境1	**.467**	X 刪除 r<.50
	2	學校情境2	.636	○
	3	學校情境3	.651	○
學	4	學校情境4	.602	○
校	5	學校情境5	.630	○
情	6	學校情境6	.646	○
境	7	學校情境7	.674	○
	8	學校情境8	.725	○
	9	學校情境9	.659	○
	10	學校情境10	.706	○
	11	行政支援1	.729	○
	12	行政支援2	.636	○
	13	行政支援3	.702	○
行	14	行政支援4	.547	○
政	15	行政支援5	.608	○
支	16	行政支援6	**.491**	X 刪除 r<.50
援	17	行政支援7	.513	○
	18	行政支援8	**.416**	X 刪除 r<.50
	19	行政支援9	.604	○
	20	行政支援10	.597	○
課	21	課程與教學 1	.671	○

(續下頁)

程	22	課程與教學2	.601	○
與	24	課程與教學4	.592	○
教	25	課程與教學5	.706	○
學	26	課程與教學6	.610	○
	28	課程與教學8	.677	○
	29	課程與教學9	.657	○
	30	課程與教學10	.625	○
	31	課程與教學11	.670	○
	33	課程與教學 13	.606	○
	35	課程與教學15	**.480**	X 刪除　r<.50

四、因素分析

　　本研究採用主成份分析法並配合最大變異法（Varimax）進行正交轉軸（orthogonal rotation），選取特徵值大於一的因素，進行因素結構分析，並以因素負荷值.50 以上為選題標準，因此刪除題目第 2、3、9、10、11、12、13、29、30、31、33 共 11 題，經因素分析的結果得到三個因素，研究者依各因素所匯集題目共同特性，命名因素一為「課程與教學」，因素二為「學校情境」，因素三為「行政支援」共計 17 道題目。其解釋變異量分別為 42.59%、10.78%、9.15%累積的解釋變異量為 62.53%，如表 3-5-23。

表 3-5-23　補救教學理念量表轉軸後成份矩陣因素分析摘要表

| 題號 | 題型類別 | 元件 | | | 解釋變異量 | 累績解釋總變異量 |
		因素1 課程與教學	因素2 學校情境	因素3 行政支援		
21	課程與教學 1	.789			42.59%	62.53%
22	課程與教學 2	.767				
24	課程與教學 4	.723				
25	課程與教學 5	.780				
26	課程與教學 6	.705				
28	課程與教學 8	0.51				

（續下頁）

6	學校情境 6	0.767		10.78%
5	學校情境 5	0.798		
4	學校情境 4	0.814		
7	學校情境 7	0.797		
8	學校情境 8	0.587		
14	行政支援 4		.658	9.15%
15	行政支援 5		.765	
17	行政支援 7		.755	
19	行政支援 9		.776	
20	行政支援 10		.780	

　　補救教學理念預試量表有 35 題，經項目描述統計分析刪除 4 題，相關係數統計分析刪除 4 題，因素分析刪除 11 題，共計刪除 19 題剩餘 16 題，題目內容如表 3-5-24 所示。

表 3-5-24　補救教學理念量表正式問卷題目內容

構面	題目內容
學校情境	1.我認為補救教學是教師應盡的義務-
	2.我了解補救教學的精神與重要性
	3.我願意擔任補救教學教師
	4.我能夠勝任補教學工作
	5.我能掌握授課單元核心概念，清楚教導概念及技能
行政支援	6.學校能引進社會資源辦理弱勢學生學習扶助
	7.學校有成立補救教學規劃小組定時討論補救教學相關問題
	8.學校能依據學生的起始能力進行適性的編班
	9.學校會辦理相關研習提升教師補救教學知能
	10.學校會提供教師相關補救教學資源與策略
課程教學	11.我在進行補救教學前會對受輔學生施予學習問題診斷
	12.我能針對補救教學學生之個別差異，運用不同的教學策略

13.我會考量學習內容及學生能力，決定教學目標

14.我會視學生個別學習情形，予以因材施教

15.我能與受輔學生之任課老師討論有關學生之學習狀況與表現

16.我會以多元的評量方式檢視學生的學習成就

五、信度分析

　　整體而言補救教學理念總量表的同質性極高，內部一致性係數總量表 Cronbach's α =.816，各分量表的 Cronbach 's α 分別為學校情境(α=.879)、行政支援(α =.846)、課程與教學(α =.871)，如表 3-5-25 所示，顯示補救教學理念量表信度良好。

表 3-5-25　補救教學理念量表信度分析摘要表

分量表	題目個數	Cronbach's α 值
學校情境	5	.88
行政支援	5	.85
課程與教學	6	.87
教師專業素養量表	16	.82

六、驗證性因素分析

　　「補救教學理念」構面係由學校情境、行政支援、課程與教學等三個子構面所構成，為了確認子構面的信、效度以利於進行後續的模型分析，因此本研究先針對每個子構面進行驗證性因素分析(CFA)。

(一)補救教學理念構面之一階驗證性因素分析

1.「學校情境」構面之驗證性因素分析

　　學校情境構面共有 5 個題項，自由度為 5x6/2=15df，共估計 5 個殘差加上 1 個變異數及 5 個因素負荷量，自由度大於估計參數，模型屬於過度辨識，符合理論上模型正定的要求。執行 CFA 後，由圖 3-5-10 可知，GFI (=.947) > .9、AGFI(=.840)< .9、卡方自由度比值(=8.42)>3、rmsea(= .158)> .08，模型配適度頗差，必須進行刪題修正。

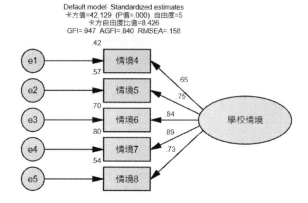

圖 3-5-10 學校情境一階驗證性因素分析修正前分析圖

　　經修正指標模式(MI)刪除情境 7(MI=8.259)，如圖 3-5-11 所示，其中「情境 8」的因素負荷量為 .67 雖未達 .7 的標準，但仍是可接受的範圍，其餘 3 項目因素負荷量均超過 .7 以上且未超過 .95 以上，且 GFI (=.995)> .9、AGFI(=.974)> .9、normed chi-square (=1.607)<3、rmsea (=.045)< .08。

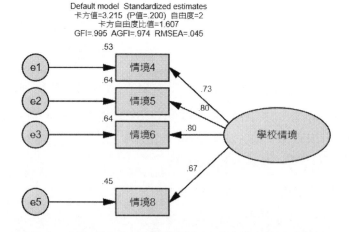

圖 3-5-11 學校情境一階驗證性因素分析修正後分析圖

　　如表 3-5-26 所示，標準誤介 .16-- .201 間，沒有太大的標準誤(t > 1.96)，殘差介於.018--.034 均為正數且顯著(t > 1.96)，顯見無違犯估計，組合信度為 .836，超過 .7 的標準；平均變異數萃取量為 .561，超過 .5 的標準，配適度頗為理想，因此將該四個項目全部予以保留至下一階段進行分析，題目內容如表 3-5-27。

表 3-5-26 學校情境構面驗證性因素分析表

變項	因素負荷	標準誤	t 值	誤差變異	t 值	CR	AVE
學校情境						0.836	0.561
情境 4	0.727	0.201	13.454	0.034	9.577		
情境 5	0.799	0.148	15.152	0.018	7.874		
情境 6	0.802	0.182	15.23	0.027	7.769		
情境 8	0.67	0.16	12.09	0.022	10.298		

t>1.96 代表顯著

表 3-5-27 學校情境構面驗證性因素分析後題目內容

構面	題號	新題號	題目內容
學校情境	情境 4	1	我認為補救教學是教師應盡的義務
	情境 5	2	我了解補救教學的精神與重要性
	情境 6	3	我願意擔任補救教學教師
	情境 8	4	我能掌握授課單元核心概念，清楚教導概念及技能

2.「行政支援」構面之驗證性因素分析

行政支援構面共有 5 個題項，自由度為 5x6/2=15df，共估計 5 個殘差加上 1 個變異數及 5 個因素負荷量，自由度大於估計參數，模型屬於過度辨識，符合理論上模型正定的要求。執行 CFA 後，由圖 3-5-12 可知，GFI (=.935) > .9、AGFI(=.805)< .9、卡方自由度比值(=9.725)>3、rmsea(=.166)> .08，配適度頗差，必須進行刪題修正。

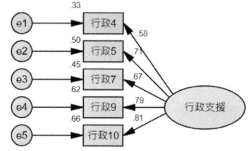

圖 3-5-12 行政支援驗證性因素分析修正前

　　經修正指標模式(MI)刪除「行政 9」如圖 3-5-13 所示，其中「行政 4」、「行政 9」的因素負荷量為 .64、.68 雖未達 .7 的標準，但仍是可接受的範圍，其餘 2 項目因素負荷量均超過 .7 以上且未超過 .95 以上，且 GF I (=.994)> .9、AGFI(=.971)> .9、normed chi-square (=1.780)<3、rmsea (=.050)< .08，顯見無違反估計。

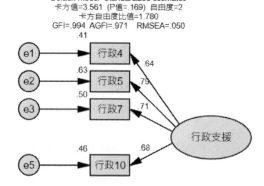

圖 3-5-13 行政支援驗證性因素分析修正後

　　如表 3-5-28 所示表標準誤介於.182--.221 間並沒有很大(t >1.96 顯著)，殘差介於.030--.044 均為正數且顯著，顯見無違犯估計，組合信度為 .799，超過 .7 的標準；平均變異數萃取量為 .500，等於 .5 的標準，整體配適度可以接受，因此將該四個項目全部予以保留至下一階段進行分析，題目內容如表 3-5-29。

表 **3-5-28** 行政支援構面驗證性因素分析表

變項	因素負荷	標準誤	t 值	誤差變異	t 值	CR	AVE
行政支援						0.799	0.500
行政 4	0.644	0.207	11.55	0.039	10.416		
行政 5	0.793	0.193	14.782	0.033	7.191		
行政 7	0.707	0.221	12.873	0.044	9.347		
行政 10	0.68	0.182	12.254	0.030	9.776		

t>1.96 代表顯著

表 **3-5-29** 行政支援構面驗證性因素分析後題目內容

構面	題號	新題號	題目內容
行政支援	行政 4	5	我認為補救教學是教師應盡的義務
	行政 5	6	我了解補救教學的精神與重要性
	行政 7	7	學校能依據學生的起始能力進行適性的編班
	行政 10	8	學校會提供教師相關補救教學資源與策略

3.「課程與教學」構面之驗證性因素分析

　　課程與教學構面共有 6 個題項，自由度為 6×7/2=21df，共估計 6 個殘差加上 1 個變異數及 6 個因素負荷量，自由度大於估計參數，模型屬於過度辨識，符合理論上模型正定的要求。執行 CFA 後，由圖 3-5-14 可知，GFI(= .977) > .9、AGFI(= .946) >.9、卡方自由度比值(=2.60) <3、rmsea(= .710) < .08，模型配適度良好。

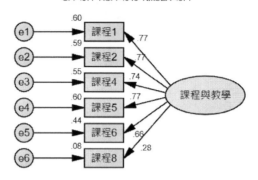

圖 3-5-14 課程與教學驗證性因素分析修正前

　　但「課程 8」因素負荷量(=.28)太低必須刪除，刪除後 rmsea=.106>.08，經修正指標模式(MI)再刪除「課程 2」，如圖 3-5-15 所示，其中「課程 6」的因素負荷量為.68雖未達 .7 的標準，但仍是可接受的範圍，其餘 3 項目因素負荷量均超過 .7 以上且未超過 .95 以上，且 GFI (= .992)> .9、AGFI(= .959)> .9、normed chi-square (=2.656)<3、rmsea (= .072)< .08。

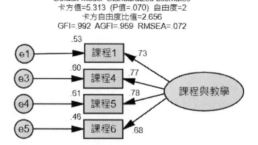

圖 3-5-15 課程與教學驗證性因素分析修正後

　　如表 3-5-30 所示，標準誤介於 .135-- .174 均達顯著表示沒有太大值，殘差介於.016-- .027 均為正數且顯著，顯見無違犯估計，組合信度為 .831，超過 .7 的標準；平均變異數萃取量為 .553，大於 .5 的標準，整體模型配適度良好，因此將該四個項目全部予以保留至下一階段進行分析，題目內容如表 3-5-31。

表 3-5-30 課程與教學構面驗證性因素分析表

變項	因素負荷	標準誤	t 值	誤差變異	t 值	CR	AVE
課程與教學						0.831	0.533
課程 1	0.729	0.15	13.732	0.02	9.484		
課程 4	0.772	0.135	14.874	0.016	8.687		
課程 5	0.781	0.153	15.082	0.02	8.405		
課程 6	0.676	0.174	12.479	0.027	10.325		

t>1.96 代表顯著

表 3-5-31 課程與教學構面驗證性因素分析後題目內容

構面	題號	新題號	題目內容
課程與教學	課程 1	9	我在進行補救教學前會對受輔學生施予學習問題診斷
	課程 4	10	我會考量學習內容及學生能力，決定教學目標
	課程 5	11	我會視學生個別學習情形，予以因材施教
	課程 6	12	我能與受輔學生之任課老師討論有關學生之學習狀況與表現

(二)補救教學理念構面之二階驗證性因素分析

　　補救教學理念共有三個子構面，分別為「學校情境」、「行政支援」、「課程與教學」，進行二階驗證性因素分析後，如圖 3-5-16 所示。

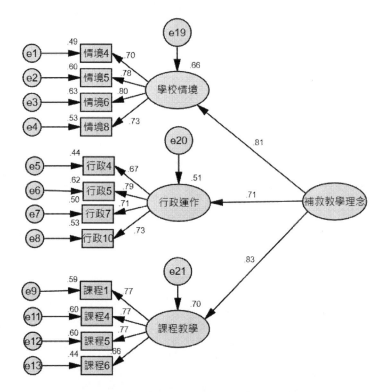

Group number 1　Default model
Standardized estimates　卡方值=119.812 (P值=.000)
自由度=51　卡方自由度比值=2.349
GFI=.936 AGFI=.902 NFI=.925 CFI=.955
RMR=.026 RMSEA=.068

圖 3-5-16 補救教學理念二階驗證性分析標準化估計

　　為進行測量模型評鑑，本研究共分為檢驗違反估計、檢驗模型配適度、檢驗收斂效度、檢驗區別效度等四個階段來檢驗模型。

階段一：檢驗違反估計

　　觀察表 3-5-32 所有題項的標準化迴歸加權系數(因素負荷值介於.663 到.834 之間並沒有太大(<.95)，標準誤介於.143—.279 之間，也沒有太大的標準誤(t>1.96)；測量誤差值變異數介於.073—.404 之間而且全部為正數且顯著，因此本模型並沒有違反估計原則，表示模型的內在配適度的品質理想。

表 3-5-32　補救教學理念構面二階驗證性分析表

變項	因素負荷	標準誤	t 值	誤差變異	t 值	多元相關	CR	AVE
第一階								
學校情境							0.837	0.564
情境 4	0.699	0.205	7.451	0.353	10.087	0.533		
情境 5	0.775	0.163	7.831	0.394	10.234	0.501		
情境 6	0.795	0.201	7.993	0.404	9.716	0.622		
情境 8	0.730	0.149	8.31	0.257	9.224	0.443		
行政支援							0.815	0.525
行政 4	0.665	0.18	9.766	0.166	9.118	0.596		
行政 5	0.789	0.189	10.832	0.136	9.001	0.6		
行政 7	0.708	0.20	10.035	0.18	9.071	0.589		
行政 10	0.730	0.158	10.742	0.292	10.507	0.44		
課程教學							0.833	0.557
課程 1	0.768	0.167	7.192	0.257	8.034	0.533		
課程 4	0.775	0.152	7.316	0.158	8.948	0.632		
課程 5	0.772	0.177	7.188	0.219	8.561	0.601		
課程 6	0.663	0.174	6.787	0.195	9.425	0.489		
第二階								
補救教學理念				0.222	4.989		0.829	0.620
學校情境	0.81	0.238	5.791	0.116	3.725	0.656		
行政支援	0.712	0.143	7.094	0.154	4.883	0.506		
課程教學	0.834	0.279	5.415	0.073	3.596	0.696		

階段二：檢驗模型配適度

　　從表 3-5-33 中發現在整體模式配適度的各項評鑑指標中 X^2 值(=119.812)達到顯著水準(P=.000)，其造成顯著的原因可能是樣本太大所造成的，因此可以卡方/自由度比值代替，本模型卡方/自由度比值為 2.349<3 符合標準值，在其餘配適度指標判斷上：絕對配適度指數、增量配適度指數與精簡配適度指數所呈現的統計量除 CN 值為

192(<200)外，其餘均達到標準值(符合多數決原則)，因此，研判概念模型中教師專業素養的外在品質已符合一般學術研究的要求。

表 3-5-33　補救教學理念測量模型配適度指標檢核表

統計檢定量		標準值	補救教學理念
絕對配適指標	χ^2	越小越好(P≥ α 值)	119.812(P=.000)
	χ^2/df	1~5 之間	2.349*
	GFI	大於 0.9	.936*
	AGFI	大於 0.9	.902*
	RMR	小於 0.08	.026*
	SRMR	小於 0.08	.051*
	RMSEA	小於 0.08	.068*
增量配適指標	NFI	大於 0.9	.925*
	NNFI	大於 0.9	.942*
	CFI	大於 0.9	.955*
	RFI	大於 0.9	.903*
	IFI	大於 0.9	.956*
精簡配適指標	PNFI	大於 0.5	.715*
	PGFI	大於 0.5	.612*
	CN	大於 200	192

註：*表示合乎標準值

階段三：檢驗收斂效度

　　此外，觀察表 3-5-32 得知，本模式的各子構面的組合信度分別為.815—.837 之間，皆 > .6，各子構面的平均變異數抽取量分別介於.525—.564 之間，各構面皆 > .5。整體而言，補救教學二階構面已能符合收斂效度之要求。

階段四：檢驗區別效度

　　補救教學理念各構面之 AVE 平方根.751、.724、.746，如表 3-5-34 所示，均大於各構面間的相關係數，顯示量表具有區別效度。

表 3-5-34 補救教學理念測量模型區別效度檢核表

項目	題數	相關系數		
		A	B	C
A. 學校情境	4	.75*		
B. 行政支援	4	.46**	.72*	
C. 課程與教學	4	.56**	.48**	.75*

註 1：取變數之平均數為量表中各構面之所有題項的加總平均值。

註 2：對角線之值為此一潛在變數之平均變異抽取量(*AVE*)的平方根，該值應大於非對角線之值。

註 3：*在顯著水準 α=0.05 時，變數間之相關係數達顯著水準。

　　經上述的模型評鑑過程後，從模型的配適度、各題項的標準化迴歸系數、收斂效度、區別效度的驗證，整體而言本模型的外在品質與內在品質頗佳，亦即模式之徑路圖與實際觀察資料之配適度良好，研究者所提的補救教學理念建構效度之驗證性因素分析之模式圖，獲得統計上的支持；亦即補救教學理念的三個構面：學校情境、行政支援、課程與教學所建構「補救教學理念共同因素」之因果理論模式與實際資料能相配適，適合進行下一步驟的結構模型分析，以驗證各潛在變數間的因果關係。

肆、補救教學成效量表

　　補救教學成效量表共有 12 題，本研究採用主成份分析法並配合最大變異法（Varimax）進行正交轉軸（orthogonal rotation），選取特徵值大於一的因素，進行因素結構分析，並以因素負荷值.50 以上為選題標準，因此刪除題目成效 6(因素負荷值為.45)，經因素分析的結果得到兩個因素，研究者依各因素所匯集題目共同特性，命名因素一為「補救教學成效」5 題，因素二為「補救教學困難」6 題，共計 11 道題目。其解釋變異量分別為 27.87％、25.78％累積的解釋變異量為 53.65％，如表 3-5-35。

表 **3-5-35** 補救教學成效量表轉軸後成份矩陣因素分析摘要表

題號	題型類別	元件		解釋變異量	累績解釋總變異量
		因素1	因素2		
		補救教學成效	補救教學困難		
38	成效 3	.877		27.87%	53.65%
36	成效 1	.868			
39	成效 4	.841			
37	成效 2	.691			
40	成效 5	.640			
45	成效 10		.791	25.78%	
42	成效 7		.707		
43	成效 8		.703		
46	成效 11		.683		
44	成效 9		.677		
47	成效 12		.625		

　　補救教學成效量表經因素分析後共得到兩個主要成分，分別為補救教學成效共 5 題，另一部份為補救教學所遭遇之困難共 6 題，合計 11 題。本研究主要探討教師專業素養、補救教學理念與補救教學成效之關係，為了使研究主題明確且開放性問卷中也有探討有關補救教學所遭遇的困難部分，因此，將補救教學所遭遇困難題目全數刪除，另於開放問卷中討論有關補救教學所遭遇困難，以補救教學成效題目共 5 題作為本研究探討補救教學成效之依據，本量表之 Cronbach's α 值為 .85，表示補救教學成效量表信度良好，如表 3-5-36 所示。

表 3-5-36　補救教學成效量表正式問卷題目內容

量表名稱	題目內容	Cronbach's α 值
補救教學成效		.85
	1.對於學校目前補救教學的實施情形我感到滿意	
	2.對於補救教學教師間的互動我感到滿意	
	3.實施補救教學後學生的學習成效我感到滿意	
	4.參加補救教學後學生能強化正向的學習態度	
	5.參加補救教學後學生能改善日常生活常規	

伍、補救教學實施現況學生調查問卷

　　本研究題目為「原住民重點國民中學教師專業素養、補救教學理念與補救教學成效之探討」，為了解補救教學實施成效之現況除了針對任課教師的意見調查外另針對上課的學生蒐集意見，以作為研究補救教學實施成效之參考依據，調查問卷參酌的教育部補救教學學生回饋單以及實際教學經驗，設計本補救教學實施現況學生調查問卷，問卷說明如下：

一、基本資料

　　基本資料共有 3 題，包括原住民身分別、性別與年級別，其中有關年級的部分限定國二、國三學生填寫，因為國一學生剛進入國中對補救教學的感受可能還不清楚補救教學內涵，因此不列入本次調查對象。

二、補救教學現況調查

　　問卷共有 13 題題目，內容包含與補救教學老師之關係、是否喜歡補救教學，家長對補救教學是否贊成、參加補救教學後成績是否進步等?另外設計一題複選題為「參加補救教學計畫後，你認為最大的收穫是：1.克服學科學習困難、2.學科學習進步、3.提高自己學習的信心、4 提高學習動機與興趣、5.養成良好的學習態度和習慣、6 養成良好的師生關係、7.沒有收穫、8.其他〈請敘述理由〉。

陸、問卷計分填答方式

一、教師問卷

　　本研究之「教師專業素養量表」、「補救教學理念量表」與「補救教學成效量表」都是採 Likert 五點量表，計分方式是根據受試者對每一題的同意程度，由「非常認同」、「認同」、「普通」、「不認同」、「非常不認同」，五個等級填答反應，分別給予五分、四分、三分、二分、一分，反向計分題的計分方式則相反計分，得分越高代表受試者在該題的認同度越高。

二、學生問卷

　　學生「補救教學現況調查問卷」第 1 至 13 題為單選題採 Likert 五點量表，計分方式是根據受試者對每一題的同意程度，由「從不如此」、「很少如此」、「偶而如此」、「經常如此」、「總是如此」，五個等級填答反應，依次數發生的頻率分別給予一分、二分、三分、四分、五分，得分越高代表受試者在該題的認同度越高。第 14 題為複選題，計分方式為計算該選項被選上的次數百分比。

柒、開放性問卷

　　為了廣泛蒐集教師對教師專業素養及補救教學之意見，另設計兩題開放式問卷，以作為本問卷量化研究之參考依據，其題目如下：

一、原住民重點國民中學教師業素養(1)專業知識、(2)專業能力、(3)專業態度、(4) 人格特質、(5) 多元文化素養，其重要性的排序為何?(如 5,3,4,1,2，等，請依個人認為的重要性排序)除了這些以外還有哪些您認為是重要的素養?

二、我認為目前補救教學所遭遇的困難除上述問卷描述外還有哪些?

第六節　資料處理

　　為探究原住民重點國民中學教師專業素養、補救教學理念與補救教學成效之關係，本研究使用之資料分析方法，分述如下：

壹、描述性統計

　　以次數分配、平均數、標準差與百分比等描述性統計，了解原住民重點國民中學教師的背景資料、教師專業素養、補救教學理念以及補救教學成效之現況。

貳、t 檢定與單因子變異數分析

　　以受試者的基本資料為自變項，以「原住民區教師專業素養量表」、「補救教學理念量表」及「補救教學成效量表」為依變項，進行 t 檢定或單因子變異數分析，分析不同背景變項之原住民種點國民中學教師在教師專業素養、補救教學理念及補救教學成效整體及各層面是否有顯著差異，同時針對有差異的變項進行事後比較。

叁、AMOS 結構方程模式

　　以 AMOS 結構方程模式，先針對問卷題目做「驗證性因素分析」，以建立量表之建構效度與區別效度，並以整體模型結構路徑分析探討原住民區國中教師專業素養、補救教學理念與補救教學成效之關係。

肆、開放性問卷

　　本研究依據研究目的與文獻探討研擬開放性問卷共二題，其中一題為教師專業素養之重要性排序與其他重要素養，另一題為補救教學所遭遇之困難，在重要性的排序部分以序位加權計分方式，計算出受試者認為最重要的素養，另針對其他重要素養以及補救教學所遭遇困難部分，首先將問卷資料編碼後資料輸入，然後將回答問題歸納統整、分析。

第四章　實證研究結果分析與討論

本章依據本研究架構分為五節，第一節分析教師專業素養、補救教學理念與補救教學成效之現況；第二節探討不同背景變項之原住民重點國民中學教師在教師專業素養、補救教學理念與補救教學成效之差異情形；第三節探討教師專業素養、補救教學理念與補救教學成效之相關分析；第四節探討教師專業素養、補救教學理念與補救教學成效之結構方程模式路徑分析；第五節分析教師開放問卷與學生調查意見，依序探討如下。

第一節　教師專業素養、補救教學理念與補救教學成效分析

本節藉由問卷調查所得之資料，以各構面或各題平均分數及標準差作為分析比較之依據，以探討原住民重點國民中學教師專業素養、補救教學理念與補救教學成效之現況。

壹、原住民重點國民中學教師專業素養現況分析

本問卷採 Likert 五點式量表，以 1 分至 5 分表示認同程度，並以平均數及標準差呈現，分數愈高，表示教師專業素的狀況愈佳。本量表平均值 3 分為中等程度，3--4 分為中上程度，4 分以上為中高程度，低於平均值 3 以下則為中下程度。原住民重點國民中學教師專業素養現況分析如下。

一、教師專業素養各構面現況分析

如表 4-1-1 所示，對於原住民重點國民中學教師專業素養之現況分析如下：

(一)整體而言，教師專業素養中各構面平均得分介於 3.85—4.17，與平均值 3 分相較，屬中高程度，在五點量表中即介於認同與非常認同之間。

(二)從各子構面分析結果的原始分數看來，以「專業態度」與之得分最高(M=4.17)，依次為「專業能力」、「專業知識」、「人格特質」、「多元文化素養」。雖然多元文化素養(M=3.85)得分較低，但仍高於平均數 3 以上，屬於中上程度。

(三)教師專業素養總量表平均為 4.02 可見原住民重點國民中學教師專業素養屬於中
　　高程度。

(四)由此可以驗證本研究假設 1-1「原住民重點國民中學教師專業素養程度在中等以
　　上程度」成立。

表 4-1-1　原住民重點國民中學教師專業素養量表各構面分析摘要表

層面名稱	N	平均數	標準差	題數
專業知識	297	4.02	.54	4
專業能力	297	4.06	.53	4
專業態度	297	4.17	.66	4
人格特質	297	3.98	.55	5
多元文化素養	297	3.85	.58	4
教師專業素養	297	4.02	.45	21

　　N=297

二、教師專業素養各題項現況分析

　　從表 4-1-2 中發現各題平均得分都在平均數 3 以上，可見原住民重點國民中學教
師專業素養在中等以上程度。其中以「從事教育是一件相當充實而有意義的工作」得
分最高(M=4.21)，其次為「即使沒有獎勵措施，我也常保持學習的心，不斷地進修成
長」(M=4.19)，「我教學時能有效連結學生新舊相關知識，並結合學生生活經驗」
(M=4.16)；而得分較低的為「我在佈置學習環境時會考慮到學生族群文化特色」
(M=3.78)、「我是個幽默風趣的人」(M=3.81)、「我在課程設計時會將學生的文化融
入其中」(M=3.84)。從以上發現原住民重點國民中學教師積極正向，認為教育是有意
義的，會追求自我專業成長並依學生特性進行教學，但在性格上比較偏保守較不幽
默，而原住民重點國中學教師對於多元文化素養的部分較為欠缺。

表 4-1-2　教師專業素養量表各題項分析

構面	題目內容	N	平均數	標準差
專業	1.我教學時能有效連結學生新舊相關知識，並結合學生生活經驗	297	4.16	.63

知識	2.我了解國中階段學生的各種身心問題與發展狀況	297	3.94	.60
	3.我會關心最近社會上有關教育議題、活動	297	4.0	.72
	4.我具有多元文化之教育理念	297	3.96	.70
專業能力	5.我在課堂上會善用發問技巧引發學生討論	297	4.04	.68
	6.我會依照自己的專長和風格建立自己班級特色	297	4.12	.67
	7.我會隨時提供學校相關訊息供家長知道	297	3.90	.70
	8.即使沒有獎勵措施，我也常保持學習的心，不斷地進修成長	297	4.19	.63
專業態度	9.從事教育是一件相當充實而有意義的工作	297	4.21	.66
	10.教師是專業人員應受到社會大眾的尊敬	297	4.09	.70
	11.教師對學生的期望會影響學生學習成就	297	4.14	.647
	12.我會經常反省自己的專業決定	297	4.13.	.63
人格特質	13.我是個幽默風趣的人	297	3.81	.74
	14.我是樂觀進取自我成長之教師	297	4.05	.624
	15.我關懷社會樂於助人	297	4.10	.68
	16.我是個宅心仁厚富正義感之教師	297	4.04	.67
	17.我做事積極有條有理	297	3.90	.70
多元文化素養	18.我在與學生互動溝通時會使用學生慣用的方式、語言、文化等	297	3.94	.71
	19.我在課程設計時會將學生的文化融入其中	297	3.84	.74
	20.我在佈置學習環境時會考慮到學生族群文化特色	297	3.78	.70
	21.我會帶領學生讓他們體驗不同的族群文化	297	3.85	.72

N=297

貳、原住民重點國民中學教師補救教學理念現況分析

　　本問卷採五點式量表，以 1 分至 5 分表示同意程度，並以平均數及標準差呈現，分數愈高，表示教師知覺補救教學理念的狀況愈佳。本量表平均值為 3 分，高於平均值界定為中上程度，低於平均值則為中下程度。原住民重點國民中學教師知覺補救教學理念之現況分析如下。

表 4-1-3　原住民重點國民中學教師補救教學理念量表各構面分析摘要表

層面名稱	N	平均數	標準差	題數

學校情境	297	3.94	.59	4
行政支援	297	3.72	.66	4
課程教學	297	3.88	.53	4
補救教學理念	297	3.85	.49	12

　　N=297

　　表 4-1-3 所示，對於原住民重點國民中學教師補救教學理念之現況分析如下：

一、整體而言，教師知覺補救教學理念各子構面平均得分介於 3.72—3.94 之間，而總量表平均為 3.85 與平均值 3 分相較，屬中等以上程度，在五點量表中即介於普通與認同之間。

二、從各子構面分析結果的原始分數看來，以「學校情境」之得分最高(M=3.94)，其次為「課程教學」(M=3.88)、「行政支援」得分較低(M=3.72)。

三、教師補救教學理念總量表平均為 3.85 可見原住民重點國民中學教師補救教學理念屬於中上程度。

四、本研究結果驗證本研究假設 1-2：「原住民重點國民中學教師補救教學理念屬於中等以上程度」。

表 4-1-4 教師補救教學理念量表各題項分析

構面	題目內容	N	平均數	標準差
學校情境	1.我認為補救教學是教師應盡的義務	297	3.81	.83
	2.我了解補救教學的精神與重要性	297	4.03	.63
	3.我願意擔任補救教學教師	297	3.95	.77
	4.我能掌握授課單元核心概念，清楚教導概念及技能	297	3.98	.65
行政支援	5.學校能引進社會資源辦理弱勢學生學習扶助	297	3.80	.84
	6.學校有成立補救教學規劃小組定時討論補救教學相關問題	297	3.59	.83
	7.學校能依據學生的起始能力進行適性的編班-	297	3.68	.90
	8.學校會提供教師相關補救教學資源與策略	297	3.80	.74
課程教學	9.我在進行補救教學前會對受輔學生施予學習問題診斷	297	3.78	.64
	10.我會考量學習內容及學生能力，決定教學目標	297	3.98	.58

11.我會視學生個別學習情形，予以因材施教	297	3.91	.67
12.我能與受輔學生之任課老師討論有關學生之學習狀況與表現	297	3.82	.72

N=297

　　另外從教師補救教學理念各題項平均得分來看，由表 4-1-4 發現補救教學理念各題平均得分介於 3.59—4.03 之間，皆高於平均數 3 以上，其中以「我了解補救教學的精神與重要性」得分最高(M=4.03)，其次為「我會考量學習內容及學生能力，決定教學目標」(M==3.98)、「我能掌握授課單元核心概念，清楚教導概念及技能」(M=3.98)，得分較低的為「學校有成立補救教學規劃小組定時討論補救教學相關問題」(M=3.59)、「學校能依據學生的起始能力進行適性的編班」(M=3.68)、「我在進行補救教學前會對受輔學生施予學習問題診斷」(M=3.78)，由此可見原住民重點國民中學教師對補救教學精神及重要性了解，並對補救教學之教學技巧能掌握，這也驗證表 3-4-4 完成補救教學 8 小時訓練課程的教師高達 81.8%，因此對補救教學的重要性與精神較為了解，也較能掌握授課的概念與技能；但對於學校行政支援有關的學校成立規劃小組、補救教學編班作業以及教學診斷方面得分較低，可以看出補救教學教師對於學校行政的相關支援感受程度較低，補救教學行政與教學實務的契合度不佳。

叁、原住民重點國民中學教師知覺補救教學成效現況分析

　　本研究補救教學成效是指在補救教學實施後，教師知覺學校補救教學實施情形、教師間互動關係、學生補救教學學習成效、補救教學後學生學習態度改變以及學生常規改善之滿意程度。

表 4-1-5　教師知覺補救教學成效各題項分析

構面	題目內容	N	平均數	標準差
補救教學成效	1.對於學校目前補救教學的實施情形我感到滿意	297	3.41	0.81
	2.對於補救教學教師間的互動我感到滿意	297	3.68	0.71
	3.對於實施補救教學後學生的學習成效我感到滿意	297	3.33	0.78
	4.參加補救教學後學生能強化正向的學習態度	297	3.52	0.81
	5. 參加補救教學後學生能改善日常生活常規	297	3.20	0.82
補救教學成效平均		297	3.43	0.64

N=297

　　從表 4-1-5 得知，教師知覺整體補救教學成效平均分數為 3.43 在平均數 3 以上，介於普通與認同間，屬於中等以上程度。其中以「對於補救教學教師間的互動我感到滿意」之平均得分較高(M=3.68)，其次為「參加補救教學後學生能強化正向的學習態度」(M=3.52)、「對於目前補救教學的實施情形我感到滿意」(M=3.41)、「對於補救教學後學生的學習成效我感到滿意」(M=3.33)，以「參加補救教學之後學生能改善生活常規」(M=3.20)較低。各題項平均得分以及整體平均得分均在平均數 3 分以上 4 分以下，由此可以驗證本研究假設 1-3：「原住民重點國民中學教師知覺補救教學成效屬於中上程度」。

肆、原住民重點國民中學學生補救教學現況調查問卷

　　本研究除對教師之專業素養與知覺補救教學現況與補救教學成效調查外，另針對參與補救教學之學生做意見調查，以做為評估補救教學現況之參考。問卷總共有 13 題外加 1 題複選題，計分方式採五點式量表，以 1 分至 5 分表示事件發生的頻率與同意程度，並以平均數及標準差呈現，分數愈高，表示學生知覺補救教學的狀況愈佳。本量表平均值為 3 分，高於平均值界定為中上程度，低於平均值則為中下程度。

　　本研究學生抽樣共有 507 份有效樣本，其中原住民籍學生共有 388 人佔 75.9%，非原住民學生共 123 人佔 24.1%；男生共 263 人(51.6%)、女生 247 人(48.4%)；國二學生 197 人(38.6%)、國三學生 314 人(61.4%)，因為調查對象是原住民重點國民中學，因此原住民學生人數比例佔大多數，調查的內容是對補救教學現況調查，因國一學生剛到國中來就讀，對於國中的補救教學了解感受可能不足，無法真實反映補救教學現況，因此不在本研究調查對象，而國二、國三學生參與補救教學時間至少一年以上，其對學校補救教學現況之了解較為深入。茲將學生補救教學現況調查問卷說明如下：

一、學生補救教學現況各層面分析

　　學生補救教學問卷共有三個層面，分別為補救教學資源、補救教學成效與師生互動關係，其中以師生互動關係之得分最高(M=3.88)，其次為補救教學資源(M=3.68)、最低為補救教學成效(M=3.60)，如表 4-1-6 所示。但是不論是總體或各層面平均得分都高於平均數 3 分以上 4 分以下，屬於中等以上程度

表 4-1-6　原住民重點國民中學學生補救教學調查問卷摘要表

層面名稱	N	平均數	標準差	題數
補救教學資源	507	3.68	.92	5
補救教學成效	507	3.60	.93	4
師生互動關係	507	3.88	.89	4
整體補救教學	507	3.72	.85	13

N=507

二、學生補救教學現況調查各題項分析

　　如表 4-1-7 所示，原住民重點國民中學學生對補救教學現況調查問卷中，各題的平均得分介於 3.30—4.01 之間，均高於平均數 3 以上，顯示學生對補救教學現況的滿意度在中等以上程度。而各題平均分數相對較高的前三名為「我可以和其他參加補救教學計畫的同學相處融洽且愉快」(M=4.01)、其次為「我可以接受補救教學計畫授課老師的教學內容」(M=3.95)、「我覺得補救教學計畫的老師很關心我，也會給我一些鼓勵」(M=3.89)、；而得分相對較低依序為「參加補救教學計畫至今，我的自然成績有進步」(M=3.30)，「參加補救教學計畫至今，我的英文成績有進步」(M=3.45)、「父母親對於我參加補救教學計畫課後輔導的學習情況十分關心」(M=3.50)。分析最低分的各題項都與補救教學成效有關，亦即學生在補救教學成效的得分相對較低，從整體層面分析結果來看，補救教學成效也是各子構面得分最低的部分，顯示學生對補救教學成效較不滿意，但仍在平均數 3 以上。雖然在補救教學成效上不滿意，但從補救教學師資、課程與學生互動學生滿意度較高。從表 4-1-7 得知學生在參加補救教學後學科成績進步的幅度以國文科進步相對較為滿意，其次為英文科、自然科是學生認為參加補救教學後進步幅度相對較少的科目。

表 4-1-7　學生補救教學現況調查問卷各題項分析

構面	題目內容	N	平均	標準
補教教學資源	1.我可以和其他參加補救教學計畫的同學相處融洽且愉快	511	4.01	1.05
	2.父母親對於我參加補救教學計畫課後輔導的學習情況十分關心	511	3.50	1.21
	3.父母親贊成我參加補救教學計畫	511	3.85	1.19

	4.我喜歡上補救教學計畫課後輔導	511	3.53	1.22
	5.參加補救教學計畫課程可以協助我完成作業	511	3.68	1.16
	6.參加補救教學計畫後，我對學習更有興趣，也更有信心	511	3.53	1.14
補救教	7.參加補救教學計畫至今，我的國文成績有進步	511	3.59	1.12
學成效	8.參加補救教學計畫至今，我的英文成績有進步	511	3.45	1.14
	9.參加補救教學計畫至今，我的自然成績有進步	510	3.30	1.17
	10.我喜歡補救教學計畫授課老師的教學方式	511	3.88	1.08
師生互	11.我可以接受補救教學計畫授課老師的教學內容	511	3.95	1.00
動關係	12.我覺得補救教學計畫的老師很關心我，也會給我一些鼓勵	511	3.89	0.99
	13.我喜歡上補救教學計畫老師的課	510	3.73	1.00

N=507

三、複選題分析

　　如表 4-1-8 所示，學生在複選題當中「參加補救教學計畫後，你認為最大的收穫是什麼？」，有 66.34%學生回答「學科成績有進步」，59.1%學生回答「養成良好的學習態度和習慣」，58.71%學生回答「提高自己學習的信心」、54.01%學生回答「克服學科困難」、41.88%學生回答「提高學習動機與興趣」、40.9%學生回答「養成良好的師生關係」，但也有 5.09%的學生認為參加補救教學後「沒有收穫」。

表 4-1-8 學生補救教學意見調查問卷複選題分析

題目	選項	次數	百分比
參加補救教學計畫後，你認為最大的收穫是什麼？(可以複選)	1.克服學科學習困難	276	54.01%
	2.學科學習進步	339	66.34%
	3.提高自己學習的信心	300	58.71%
	4 提高學習動機與興趣	214	41.88%
	5.養成良好的學習態度和習慣慣	302	59.10%
	6 培養良好的師生關係	209	40.90%
	7.沒有收穫	26	5.09%
	8.其他	7	1.37%

N=507

肆、綜合討論

　　本節主要在於驗證本研究之待答問題一「原住民重點國民中學教師專業素養程度為何?」，待答問題三「原住民重點國民中學教師補救教學理念程度為何?」以及待答問題四「原住民區重點國民中學教師知覺補救教學成效為何?」，以下針對原住民重點國民中學教師對於「教師專業素養」、「補救教學理念」與「補救教學成效」之整體與各層面之關係及其代表意義討論如下:

一、教師專業素養方面

　　從原住民重點國民中學教師的觀點來看，教師在「教師專業素養」中各層面之感受上的平均得分介於 3.85—4.17 間都在平均數 3 分以上，屬中間偏高，教師專業素養總量表平均為 4.17。以原始分數看來，「專業態度」之得分最高，其次為「專業能力」、「專業知識」、「人格特質」，最低為「多元文化素養」。顯示原住民重點國民中學教師擁有良好的專業態度，但在多元文化素養的部分較差。本研究結果與廖翊恬(2013)針對國小補救教學教師之專業素養研究與張欽隆(2010)針對台中市體育教師之專業素養研究結果相似，教師專業素養屬於中上程度且以專業態度層面得分最高。

二、補救教學理念方面

　　原住民重點國民中學教師在「補救教學理念」中各層面及總量表之知覺上的平均得分屬中間偏高的情況，補救教學理念總量表平均得分為 3.85。以原始分數看來，「學校情境」之得分最高，其次為「課程教學」與「行政支援」。在學校情境方面最主要是教師個人對補教教學理念、意願等，最近幾年政府一直推行補救教學宣導研習，對教師個人的補救教學理念有大幅的提升有關，而行政支援的知覺得分最低，其內容包含補救教學資源投入、補救教學編班以及補救教學輔導等措施，原住民重點國民中學教師在這部分的感受最低。這也是補救教學一直為教師所詬病的，補救教學教師負擔行政雜務太多實際對教學幫助不大，學校補救教學行政作為與教學的配合度讓教師感覺不甚滿意。

三、教師知覺補救教學成效部分

　　整體來看原住民重點國民中學教師知覺補救教學成效的滿意度在中等程度以上(M=3.428)，其中以補救教學教師間的互動得分最高，可見補救教學教師在原班級及

補救教學班級互動良好。但教師對於補救教學學生之成效之滿意度相對較低，這部分與學生問卷的結果相同，學生也認為自己在補救教學成效上滿意度較低，與實際的教育現場相當貼近，大部分老師認為補救教學的用意是好的，學校也很認真在辦，但是學生的成效還是不好。

四、學生問卷部分

　　在整體反應部分以師生互動關係較佳，可見在補救教學班級中學生人數為 6-12 人為一班，學生人數少師生互動良好，學生也比較敢向老師請教問題，而以補救教學成效為較低，其中又以自然科的進步較低，國文科的補救教學成效相對較佳。在參加補救教學課程中最大的收穫為學科成績進步和養成良好的學習習慣，也有少部分的學生認為參加補救教學沒有收穫，原住民重點國民中學學生整體補救教學成效滿意度為 3.73 屬於中等以上程度。

第二節 不同背景變項之教師在專業素養、補救教學理念與補救教學成效之差異分析

　　本節旨在探討不同背景變項在教師專業素養、補救教學理念與補救教學成效各層面上的差異情形。以驗證本研究之待答問題二「不同背景變項之原住民重點國民中學教師其專業素養程度是否有差異？」以及待答問題四「不同背景變項之原住民重點國民中學教師其補救教學理念、補救教學成效是否有差異？」，本部份之統計方法為 t 考驗、單因子獨立樣本變異數分析（One-way ANOVA），並由平均數與 Scheffe's 法進行事後比較。分述如下。

壹、不同背景變項教師在教師專業素養之差異分析

　　本研究以是否為原住民籍教師、性別、服務年資、最高學歷、擔任職務、是否完成補救教學八小時研習、是否修習多元文化 18 小時研習課程、學校所在地以及學校規模為研究之背景變項，但在問卷實際回收統計後發現，學校所在地幾乎全部在原住民區，是否完成補救教學八小時補救教學研習分、以及是否修習 18 小時多元文化課程，這兩項短期研習很難從研究上判斷是造成差異的主要原因，因此，這三項背景因

素不列入分析，其餘原住民籍別、性別、年資、學歷、職務以及學校規模，分別考驗其在教師專業素養整體及各層面上的差異。

一、不同籍別的原住民重點國民中學教師在教師專業素養之差異分析

如表 4-2-1 之分析摘要表顯示：

（一）不同籍別的教師在「專業知識」認知上，未達顯著差異。

（二）不同籍別的教師在「專業能力」認知上，未達顯著差異。

（三）不同籍別的教師在「專業態度」認知上，未達顯著差異。

（四）不同籍別的教師在「人格特質」認知上，未達顯著差異。

（五）不同籍別的教師在「多元文化素養」認知上，原住民籍教師顯著高於非原住民籍教師(t =2.354)。

（六）不同籍別的教師在「教師專業素養整體層面」認知上，未達顯著差異。

表 4-2-1　不同籍別之教師在專業素養之差異分析摘要表

項目	籍別	N	平均數	標準差	t 值
專業知識	原住民	47	3.947	0.686	-1.049
	非原住民	250	4.036	0.502	
專業能力	原住民	47	4.053	0.573	-.093
	非原住民	250	4.061	0.522	
專業態度	原住民	47	4.202	0.499	.362
	非原住民	250	4.164	0.688	
人格特質	原住民	47	4.030	0.512	.664
	非原住民	250	3.972	0.553	
多元文化素養	原住民	47	4.101	0.542	**2.354***
	非原住民	250	3.830	0.576	
教師專業素養	原住民	47	4.041	0.412	.401
	非原住民	250	4.013	0.453	

N=297　　*代表 $P<.05$

二、不同性別的原住民重點國民中學教師在教師專業素養之差異分析

　　如表 4-2-2 之分析摘要表顯示：

（一）不同性別的教師在「專業知識」認知上，未達顯著差異。

（二）不同性別的教師在「專業能力」認知上，未達顯著差異。

（三）不同性別的教師在「專業態度」認知上，未達顯著差異。

（四）不同性別的教師在「人格特質」認知上，未達顯著差異。

（五）不同性別的教師在「多元文化素養」認知上，未達顯著差異。

（六）不同性別的教師在「教師專業素養整體層面」認知上，未達顯著差異。

表 4-2-2　不同性別之教師在專業素養之差異分析摘要表

項目	性別	N	平均數	標準差	t 值
專業知識	男性	119	4.021	0.593	-.023
	女性	178	4.022	0.495	
專業能力	男性	119	4.034	0.504	-.696
	女性	178	4.077	0.546	
專業態度	男性	119	4.086	0.548	-1.795
	女性	178	4.226	0.723	
人格特質	男性	119	4.022	0.567	1.049
	女性	178	3.954	0.533	
多元文化素養	男性	119	3.861	0.566	.212
	女性	178	3.847	0.583	
教師專業素養	男性	119	4.005	0.443	-.388
	女性	178	4.025	0.449	

N=297　　*代表顯著

　　本研究結果與張欽隆(2010)針對台中市體育教師研究結果相似，性別在教師專業素養上並無顯著差異；但與吳秉叡(2003)女性教師在專業態度優於男性教師以及李純慧和程鈺雄(2009)女性教師在專業知能與專業態度優於男性教師之研究發現不同。

三、不同服務年資的原住民重點國民中學教師在教師專業素養之差異分析

　　如表 4-2-3 之分析摘要表顯示：

（一）不同服務年資的教師在「專業知識」認知上，未達顯著差異。

（二）不同服務年資的教師在「專業能力」認知上，未達顯著差異。

（三）不同服務年資的教師在「專業態度」認知上，未達顯著差異。

（四）不同服務年資的教師在「人格特質」認知上，未達顯著差異。

（五）不同服務年資的教師在「多元文化素養」認知上，未達顯著差異。

（六）不同服務年資的教師在「教師專業素養整體層面」認知上，未達顯著差
異。

表 4-2-3　不同服務年資在教師專業素養之差異分析摘要表

項目	服務年資	N	平均數	標準差	F值
專業知識	3 年以內	67	4.004	0.472	1.12
	4-10 年	94	3.976	0.507	
	11-20 年	85	4.015	0.589	
	20 年以上	51	4.142	0.566	
專業能力	3 年以內	67	4.041	0.555	.584
	4-10 年	94	4.016	0.534	
	11-20 年	85	4.118	0.496	
	20 年以上	51	4.069	0.546	
專業態度	3 年以內	67	4.306	0.981	1.65
	4-10 年	94	4.072	0.571	
	11-20 年	85	4.174	0.510	
	20 年以上	51	4.167	0.481	
人格特質	3 年以內	67	4.018	0.525	1.54
	4-10 年	94	3.883	0.615	
	11-20 年	85	4.045	0.461	
	20 年以上	51	4.008	0.563	
多元文化素養	3 年以內	67	3.892	0.569	.62
	4-10 年	94	3.824	0.578	
	11-20 年	85	3.809	0.544	

（續下頁）

	20 年以上	51	3.926	0.633	
教師專業素養	3 年以內	67	4.052	0.454	.965
	4-10 年	94	3.954	0.455	
	11-20 年	85	4.032	0.403	
	20 年以上	51	4.062	0.486	

N=297　　*代表顯著

　　本研究結果不同服務年資之原住民重點國民中學教師在教師專業素養各層面無顯著差異，與吳麗馨(2010)及陳律盛、侯銀華、王建駿(2006)之研究結果不同，推論其原因可能原住民重點學校地點偏遠，教師進修研習不易，且教師考核非以教師專業素養為依據，因此任教年資對教師專業素養沒有顯著影響。

四、不同最高學歷的原住民重點國民中學教師在教師專業素養之差異分析

　　本問卷共有 297 位教師，其中學歷屬於博士者有 2 位佔全部人數的 0.7%，專科學歷共有 6 位佔全部人數的 2%，其他有 1 位佔全部人數的 0.3%，為有效統計將博士與碩士合併為碩士以上，共 140 人佔全部人數的 44.1%，大學和專科合併為大學(含專科)共 157 位佔全體人數 52.9%，合併後最高學歷分為兩組，一組為碩士以上，另一組為大學含專科，以 t 考驗檢視其差異情形，如表 4-2-4 之分析摘要表顯示：

（一）不同最高學歷的教師在「專業知識」認知上，未達顯著差異。
（二）不同最高學歷的教師在「專業能力」認知上，未達顯著差異。
（三）不同最高學歷的教師在「專業態度」認知上，未達顯著差異。
（四）不同最高學歷的教師在「人格特質」認知上，未達顯著差異。
（五）不同最高學歷的教師在「多元文化素養」認知上，未達顯著差異。
（六）不同最高學歷的教師在「教師專業素養整體層面」認知上，未達顯著差異。

表 4-2-4　不同最高學歷之教師在專業素養之差異分析摘要表

項目	學歷	N	平均數	標準差	t 值
專業知識	碩士以上	140	4.05	0.56	.901
	大學含專科	157	3.99	0.51	
專業能力	碩士以上	140	4.05	0.53	-.30
	大學含專科	157	4.07	0.53	
專業態度	碩士以上	140	4.18	0.80	.341
	大學含專科	157	4.16	0.51	
人格特質	碩士以上	140	3.96	0.58	-.586
	大學含專科	157	3.99	0.52	
多元文化素養	碩士以上	140	3.81	0.62	-1.137
	大學含專科	157	3.89	0.54	
教師專業素養	碩士以上	140	4.01	0.48	-.188
	大學含專科	157	4.02	0.42	

N=297　　*代表顯著

　　本研究結果與吳秉叡(2003)針對國小教師之專業態度之研究以及李純慧、程鈺雄(2009)不同最高學歷的花東地區資源班教師在整體與各層面專業角色知覺上並無顯著差異相同。推論其可能的原因為教師獲得較高學歷主要是獲得較高之敘薪與實際教師專業能力無關。

五、不同職務的原住民重點國民中學教師在教師專業素養之差異分析

　　如表 4-2-5 之分析摘要表顯示：

（一）不同職務的教師在「專業知識」認知上，未達顯著差異。

（二）不同職務的教師在「專業能力」認知上，未達顯著差異。

（三）不同職務的教師在「專業態度」認知上，未達顯著差異。

（四）不同職務的教師在「人格特質」認知上，未達顯著差異。

（五）不同職務的教師在「多元文化素養」認知上，未達顯著差異。

（六）不同職務的教師在「教師專業素養整體層面」認知上，未達顯著差異。

表 4-2-5 不同職務在教師專業素養之差異分析摘要表

項目	擔任職務	N	平均數	標準差	F值
專業知識	主任	51	4.14	0.52	
	組長	67	3.96	0.51	
	導師	128	4.06	0.46	2.30
	專任教師	51	3.90	0.71	
專業能力	主任	51	4.06	0.52	
	組長	67	4.09	0.47	
	導師	128	4.09	0.50	1.07
	專任教師	51	3.94	0.66	
專業態度	主任	51	4.12	0.56	
	組長	67	4.13	0.60	
	導師	128	4.22	0.77	.42
	專任教師	51	4.16	0.56	
人格特質	主任	51	3.97	0.55	
	組長	67	3.95	0.61	
	導師	128	3.98	0.50	.26
	專任教師	51	4.04	0.58	
多元文化素養	主任	51	3.93	0.59	
	組長	67	3.79	0.59	
	導師	128	3.9049	0.52	1.63
	專任教師	51	3.74	0.67	
教師專業素養	主任	51	4.04	0.47	
	組長	67	3.98	0.44	
	導師	128	4.05	0.42	.77
	專任教師	51	3.95	0.51	

N=297   *代表顯著

　　本研究結果與呂慧玲(2009)以及張欽隆(2010)之研究相似，教師所擔任職務與教師素養無顯著關係，但與吳麗馨(2010)以及李純慧、程鈺雄(2009)之研究結果不同，可見擔任職務對教師專業素養目前並無定論。

六、不同學校規模的原住民重點國民中學教師在教師專業素養之差異分析

如表 4-2-6 之分析摘要表顯示：

（一）不同學校規模的教師在「專業知識」認知上，未達顯著差異。

（二）不同學校規模的教師在「專業能力」認知上，未達顯著差異。

（三）不同學校規模的教師在「專業態度」認知上，未達顯著差異。

（四）不同學校規模的教師在「人格特質」認知上，未達顯著差異。

（五）不同學校規模的教師在「多元文化素養」認知上，未達顯著差異。

（六）不同學校規模的教師在「教師專業素養整體層面」認知上，未達顯著差異。

表 4-2-6　不同學校規模在教師專業素養之差異分析摘要表

項目	擔任職務	N	平均數	標準差	F值
專業知識	6 班以下	57	4.04	0.55	.04
	7-12 班	143	4.02	0.53	
	13 班以上	97	4.02	0.54	
專業能力	6 班以下	57	4.07	0.53	.97
	7-12 班	143	4.06	0.52	
	13 班以上	97	4.05	0.55	
專業態度	6 班以下	57	4.31	1.03	1.62
	7-12 班	143	4.14	0.53	
	13 班以上	97	4.14	0.54	
人格特質	6 班以下	57	3.98	0.54	1.12
	7-12 班	143	4.03	0.50	
	13 班以上	97	3.92	0.61	
多元文化素養	6 班以下	57	3.91	0.57	.713
	7-12 班	143	3.86	0.57	
	13 班以上	97	3.80	0.59	
教師專業素養	6 班以下	57	4.06	0.49	.57
	7-12 班	143	4.02	0.41	
	13 班以上	97	3.98	0.47	

N=297　*代表顯著

　　本研究結果與張欽隆(2010)、吳秉叡(2003)之研究結果相似，但呂慧玲(2010)的研究發現幼稚園規模越大越重視教師專業素養不同。

貳、不同背景變項教師在知覺補救教學理念之差異分析

　　本研究依是否為原住民籍教師、性別、服務年資、最高學歷、擔任職務、以及學校規模分別考驗其在補救教學理念上的差異。

一、不同籍別的原住民重點國民中學教師在知覺補救教學理念之差異分析

　　表 4-2-7 之分析摘要表顯示：

（一）不同籍別的教師在「學校情境」認知上，未達顯著差異。

（二）不同籍別的教師在「行政支援」認知上，未達顯著差異。

（三）不同籍別的教師在「課程與教學」認知上，未達顯著差異。

（四）不同籍別的教師在「補救教學理念整體層面」認知上，未達顯著差異。

表 **4-2-7** 不同籍別之教師在知覺補救教學理念之差異分析摘要表

項目	籍別	N	平均數	標準差	t 值
學校情境	原住民	47	3.91	0.66	-.42
	非原住民	250	3.95	0.58	
行政支援	原住民	47	3.75	0.71	.36
	非原住民	250		0.66	
課程與教學	原住民	47	3.76	0.51	-1.61
	非原住民	250	3.90	0.54	
補救教學理念	原住民	47	3.81	0.52	-.59
	非原住民	250	3.85	0.48	

N=297

二、不同性別的原住民重點國民中學教師在知覺補救教學理念之差異分析

　　如表 4-2-8 之分析摘要表顯示：

（一）不同性別的教師在「學校情境」認知上，未達顯著差異。

（二）不同性別的教師在「行政支援」認知上達顯著差異，男性教師(M=3.884，SD=.570)顯著高於女性教師(M=3.607，SD=.698)。

（三）不同性別的教師在「課程與教學」認知上，未達顯著差異。

（四）不同性別的教師在「補救教學理念整體層面」認知上，達顯著差異，男性教師
　　　(M=3.926，SD=.460)顯著高於女性教師(M=3.792，SD=.498)。

表 4-2-8 不同性別之教師在知覺補救教學理念之差異分析摘要表

項目	性別	N	平均數	標準差	t 值
學校情境	男	119	3.97	0.61	.71
	女	178	3.92	0.58	
行政支援	男	119	3.88	0.58	3.76**
	女	178	3.61	0.70	
課程教學	男	119	3.92	0.50	1.18
	女	178	3.85	0.55	
補救教學理念	男	119	3.93	0.46	2.35*
	女	178	3.79	0.50	

N=297　　*p < .05, **p < .01

　　本研究男性教師在行政支援與補救教學理念整體層面顯著高於女性教師，研究結果與陳仁貴(2008)針對「台北市國民小學攜手激勵學習潛能計畫」的現況調查研究發現「性別對攜手激勵班的看法沒有差異存在」不同。推論其原因可能在原住民重點國民中學男性教師一般都擔任行政職務或曾經擔任行政職務有關，因此對行政支援以及補救教學理念感受較深所致。

三、不同服務年資的原住民重點國民中學教師在知覺補救教學理念之差異分析

　　表 4-2-9 之分析摘要表顯示：

（一）不同服務年資的教師在「學校情境」認知上，未達顯著差異。

（二）不同服務年資的教師在「行政支援」認知上，未達顯著差異。

（三）不同服務年資的教師在「課程教學」認知上，未達顯著差異。

（四）不同服務年資的教師在「補救教學理念整體層面」認知上，未達顯著差異。

表 4-2-9 不同服務年資教師在知覺補救教學理念差異分析摘要表

項目	服務年資	N	平均數	標準差	F值
學校情境	3 年以內	67	3.98	0.65	.33
	4-10 年	94	3.92	0.62	
	11-20 年	85	3.92	0.48	
	20 年以上	51	3.99	0.63	
行政支援	3 年以內	67	3.77	0.66	.91
	4-10 年	94	3.77	0.67	
	11-20 年	85	3.63	0.67	
	20 年以上	51	3.69	0.65	
課程與教學	3 年以內	67	3.88	0.62	.39
	4-10 年	94	3.84	0.54	
	11-20 年	85	3.87	0.48	
	20 年以上	51	3.941	0.50	
補救教學理念	3 年以內	67	3.879	0.523	.38
	4-10 年	94	3.844	0.520	
	11-20 年	85	3.80	0.422	
	20 年以上	51	3.87	0.483	

N=297

四、不同學歷的原住民重點國民中學教師在知覺補救教學理念之差異分析

　　表 4-2-10 之分析摘要表顯示：

（一）不同學歷的教師在「學校情境」認知上，未達顯著差異。

（二）不同學歷的教師在「行政支援」認知上，未達顯著差異。

（三）不同學歷的教師在「課程與教學」認知上，未達顯著差異。

（四）不同學歷的教師在「補救教學理念整體層面」認知上，未達顯著差異。

表 4-2-10 不同學歷之教師在知覺補救教學理念之差異分析摘要表

項目	學歷	N	平均數	標準差	t值
學校情境	碩士以上	140	4.00	0.54	1.65
	大學含專科	157	3.89	0.6334	
行政支援	碩士以上	140	3.71	0.68	-.27

	大學含專科	157	3.73	0.6538	
課程與教學	碩士以上	140	3.83	0.5328	-1.27
	大學含專科	157	3.91	0.5328	
補救教學理念	碩士以上	140	3.85	0.4708	.074
	大學含專科	157	3.84	0.5028	

N=297

　　何俊青、王翠嬋(2015)和洪千雅(2011) 研究發現不同教育背景的教師在課後方案實施成效有明顯的不同。吳育庭(2014)之研究發現學歷越高之教師對補救教學知識有顯著的影響。而本研究結果「不同學歷在補救教學理念各層面無顯著差異」，其原因可能是教師分發到原住民區服務，必須著重在對原住民文化了解、適應，亦即教師應多強化多元文化素養，而非只是學歷的提升而已。

五、不同職務的原住民重點國民中學教師在知覺補救教學理念之差異分析

　　如表 4-2-11 之分析摘要表顯示：

（一）不同職務的教師在「學校情境」認知上，未達顯著差異。

（二）不同職務的教師在「行政支援」認知上，未達顯著差異。

（三）不同職務的教師在「課程教學」認知上，未達顯著差異。

（四）不同職務的教師在「補救教學理念整體層面」認知上，未達顯著差異。

表 4-2-11　不同職務教師在知覺補救教學理念之差異分析摘要表

項目	職務	N	平均數	標準差	F值
學校情境	主任	51	4.06	0.53	.96
	組長	67	3.95	0.57	
	導師	128	3.90	0.58	
	專任教師	51	3.91	0.70	
行政支援	主任	51	3.85	0.47	2.40
	組長	67	3.83	0.54	
	導師	128	3.65	0.76	
	專任教師	51	3.59	0.67	
課程與教學	主任	51	3.93	0.49	.46

	組長	67	3.90	0.57	
	導師	128	3.87	0.51	
	專任教師	51	3.81	0.58	
補救教學理念	主任	51	3.95	0.41	1.64
	組長	67	3.89	0.47	
	導師	128	3.81	0.51	
	專任教師	51	3.77	0.52	

N=297　　＊代表顯著

　　本研究結果與何俊青、王翠嬋(2015)、邱盈禎(2015)之研究結果不同，上述兩人研究發現擔任行政職務之教師在課後方案實施成效、參與補救教學實施方案態度的知覺程度顯著高於非擔任行政之教師。推論其原因可能原住民重點國民中學都屬於小型學校居多，擔任行政之教師可能也都身兼導師或其他職務，因此擔任職務在補救教學理念各層面沒有顯著差異。

六、不同學校規模之教師在知覺補救教學理念之差異分析

　　表 4-2-12 之分析摘要表顯示：

（一）不同學校規模的教師在「學校情境」認知上，達顯著差異(F=4.343)，經 Scheffe's 事後比較的結果，6 班以下之小型學校教師在學校情境上顯著高於 13 班以上之大型學校。

（二）不同學校規模的教師在「行政支援」認知上，未達顯著差異。

（三）不同學校規模的教師在「課程教學」認知上，未達顯著差異。

（四）不同學校規模的教師在「補救教學理念整體層面」認知上，達顯著差異(F=4.277)，經 Scheffe's 事後比較的結果，6 班以下之小型學校教師在補救教學理念整體層面上顯著高於 13 班以上之大型學校。

表 4-2-12　不同學校規模在知覺補救教學理念之差異分析摘要表

項目	擔任職務	N	平均數	標準差	F值	Scheffe's
學校情境	6 班以下	57	4.07	0.51		1 > 3
	7-12 班	143	3.98	0.57	4.34 ＊	
	13 班以上	97	3.81	0.64		

行政支援	6 班以下	57	3.89	0.63	
	7-12 班	143	3.71	0.64	2.70
	13 班以上	97	3.63	0.70	
課程教學	6 班以下	57	4.02	0.40	
	7-12 班	143	3.84	0.54	2.71
	13 班以上	97	3.84	0.58	
補救教學理念	6 班以下	297	3.88	0.53	1 > 3
	7-12 班	57	3.99	0.37	4.28　*
	13 班以上	143	3.85	0.49	

N=297　　*P<.05

　　本研究結果 6 班以下之原住民重點國民中學教師在學校情境與補救教學理念層面上顯著高於 13 班以上之教師，研究結果與何俊青、王翠嬋(2015)與蔡金田(2012)之研究相似，其研究結果都發現小型學校在教學層面以及補救教學方案都顯著高於大型學校。可見小型學校師生互動關係較佳，補救教學理念的認知較好。

叁、不同背景變項之教師在知覺補救教學成效之差異分析

　　在教師知覺補救教學成效部分，在籍別、性別、最高學歷上以 t 檢定檢驗其差異，在擔任職務、服務年資以及學校規模使用 F 考驗檢驗其差異驗異的結果不論在籍別、性別、最高學歷、擔任職務、服務年資以及學校規模上都沒有顯著差異存在，如表 4-2-13 所示。

表 **4-2-13** 不同背景變項之教師知覺補救教學成效之差異分析摘要表

項目	背景變項	N	平均數	標準差	t 值	F值
補救教學成效	原住民	47	3.44	0.65	t=-.65	
	非原住民	250	3.43	0.64		
	男	119	3.51	0.65	t=.06	
	女	178	3.37	0.63		
	3 年以內	67	3.60	0.63		
	4-10 年	94	3.54	0.64		F=.18

11-20 年	85	3.47	0.68	
20 年以上	51	3.51	0.59	
碩士以上	140	3.42	0.68	t=-.16
大學(含大專)	157	3.43	0.61	
主任	51	3.48	0.56	
組長	67	3.41	0.68	F=.42
導師	128	3.45	0.64	
專任教師	51	3.35	0.70	
6 班以下	57	3.38	0.63	
7-12 班	143	3.48	0.63	F=.86
13 班以上	97	3.38	0.67	

N=297　　*代表顯著

劉育儒(2015)女性教師在補救教學成效知覺上顯著高於男性教師；何俊青、王翠嬋(2015)研究發現擔任主任、組長之教師知覺補救教學成效顯著高於科任教師；邱盈禎(2015)研究發現補救教學資歷 4 年以上之教師其補救教學知覺程度較高；何俊青、王翠嬋(2015)、洪千雅(2011)、蔡金田(2012)等研究結果發現小型學校教師補救教學成效較佳。但本研究結果不論在性別、年資、學歷、職務以及學校規模在補救教學成效上都沒有顯著差異，可能是原住民區學校教育內容有別於一般地區之學校，且原住民區學校的補救教學成效普遍不佳所致。

肆、綜合討論

本節主要驗證待答問題二「不同背景變項之原住民重點國民中學教師其專業素養程度是否有差異?」，以及待答問題四「不同背景變項之原住民重點國民中學教師補救教學理念、補救教學成效是否有差異?」，研究結果有關教師專業素養部分，原住民籍教師在多元文化素養部份顯著高於非原住民教師，其原因可能是原住民教師本身是原住民的關係，所以在與學生溝通互動以及課程設計時，比較會有族群認同感也較能體會不同的族群文化特色。至於在性別、服務年資、最高學歷、擔任職務以及學校規模在教師專業素養各層面上都沒有顯著差異存在。

另外在教師知覺補救教學理念上，男性教師顯著高於女性教師，以及行政支援層面上也是男性教師顯著高於女性教師，其可能的原因為在原住民重點國民中學兼職行

政教師大都為男性,或大部分的男性教師都曾經擔任過行政職務,因此對於補救教學的精神、重要性以及編班作業和補救教學的策略和資源,較為熟悉且正向。至於在教師知覺補救教學成效上,不同背景之教師並沒有顯著差異存在,這與侯乃菁(2015)以及陳淑麗(2007)針對台東原住民學生之研究發現「原住民學生補救教學成效普遍不佳或進步有限,可能造成原住民區教師對補救教學成效的刻板化印象所致。

第三節 教師專業素養、補救教學理念與補救教學成效之相關分析

本節旨在探討教師專業素養、補救教學理念與補救教學成效各層面與整體的相關情形,相關係數小於 .4 為低度相關,介於 .4- .7 為中度相關,大於 .7 為高度相關。本部份之統計方法為 Pearson 積差相關。茲分述如下。

壹、教師專業素養與補救教學理念之相關分析

由表 4-3-1 得知:

一、學校情境與教師專業素整體及各層面屬於中度相關,相關係數介於.41--.55 之間,其中以學校情境與專業態度之相關最低(r=.41),而與教師專業素總整體相關最高(r=.55)。

二、行政支援與教師專業素養各層面之相關係數介於.21--.33 之間,屬於低度相關,其中以行政支援與專業態度之相關為最低(r=.21),與教師專業素養整體層面之相關為最高(r=.33)。

三、課程教學與教師專業素養各層面之相關係數介於.37--.61 間,除課程教學與專業知識屬於低度相關(r=.37),其餘各層面屬於中度相關,課程教學與教師專業素養整體層面之相關為最高(r=.60)。

四、原住民重點國民中學教師專業素養與補救教學理念呈現顯著正相關(r=.59)。

五、補救教學理念中以行政支援與教師專業素養相關較低(r=..33),而以課程教學與教師專業素養相關較高(r=.60)。

表 4-3-1 教師專業素養與補救教學理念之相關分析

變項	專業知識	專業能力	專業態度	人格特質	多元文化	教師專業素養

學校情境	.43**	.42**	.41**	.47**	.42**	.55**
行政支援	.23**	.32**	.21**	.27**	.29**	.33**
課程教學	.370**	.52**	.43**	.55**	.50**	.60**
補救教學理念	.41**	.50**	.42**	.51**	.48**	.59**

** *p* <.01

貳、教師專業素養與補救教學成效之相關分析

由表 4-3-2 得知：

一、教師知覺補救教學成效與教師專業素整體及各層面屬於中低度相關，相關係數介於.20--.45 之間，其中以專業知識與補救教學成效之相關最低(r=.20)，多元文化素養與補救教學成效之相關為最高 (r=.45)。

二、教師專業素養與補救教學成效呈現顯著正相關(r=.42)。

表 4-3-2　教師專業素養與補救教學成效之相關分析

變項	專業知識	專業能力	專業態度	人格特質	多元文化	教師專業素養
補救教學成效	.20**	.29**	.28**	.43**	.45**	.42**

** *P* <.01

叁、補救教學理念與補救教學成效之相關分析

由表 4-3-3 得知：

一、教師知覺補救教學理念整體及各層面與補救教學成效屬於中度相關，相關係數介於.50--.66 之間，其中以學校情境與補救教學成效之相關最低(r=.50)，而以行政支援與補救教學成效之相關為最高(r=.57)。

二、教師知覺補救教學理念與補救教學成效呈現顯著正相關(r=.659)。

表 4-3-3　教師知覺補救教學理念與補救教學成效之相關分析

變項	學校情境	行政支援	課程教學	補救教學理念
補救教學成效	.50**	.57**	.54**	.66**

** *P* <.01

肆、教師專業素養高低分組與補救教學 t 考驗

　　茲將教師專業素養分成高分組與低分組兩組,低於平均數 4.02 以下者為低分組,高於平均數 4.02 以上者為高分組,以這兩組之教師專業素養分別對教師知覺補救教學理念及教師知覺補救教學成效進行 t 考驗,以觀察教師專業素養在補救教學理念與補救教學成效之差異情形。從表 4-3-4 發現專業素養高分組之教師無論在補救教學成效、補救教學理念整體及各層面均顯著高於專業素養低分組之教師。

表 4-3-4 教師專業素養高低分組對補救教學理念及補救教學成效之差異分析摘要表

項目	學歷	N	平均數	標準差	t 值
學校情境	低分組	140	4.00	0.54	-8.42**
	高分組	157	3.89	0.63	
行政支援	低分組	140	3.71	0.68	-4.74**
	高分組	157	3.73	0.65	
課程教學	低分組	140	3.83	0.53	-9.44**
	高分組	157	3.91	0.52	
補救教學成效	低分組	140	3.85	0.47	-4.58**
	高分組	157	3.84	0.50	

N=297　　**$p < .01$

伍、綜合討論

　　教師專業素養、補救教學理念與補救教學成效三者間屬於中高度相關,整體層面相關係數介於.42--.66 間,從教師專業素養與補救教學成效之相關來看,專業知識與補救教學成效相關最低($r=.20$),多元文化素養與補救教學成效相關最高($r=.45$)專業知識大部分是在求學階段所獲得,到實際出來教書時只成為一種潛在的知識力量,因此,與補救教學成效之相關變成沒有那麼強,在本研究中教師專業素養現況分析的結果,教師的多元文化素養層面得分是最低的,而多元文素養又與補救教學成效有中高度正相關,因此推論原住民重點國民中學補救教學成效不佳,另從本教研究師專業素養量

表，補救教學成效量表以及補救教學成效量表中，補救教學成效平均得分也是三者中最低的，此部分與陳淑麗(2007)、連廷嘉(2010)及侯乃菁(2015)針對台東縣學生的研究結果相同。

從補救教學理念層面與補救教學成效相關分析結果，以行政支援與補救教學成效之相關最高(r=.57)。其可能的原因是教育部對補救教學的成效要求都是要有五率，提報率、施測率、受輔率、進步率以及進步回班率等都是與學校行政作業有關，其中行政支援的還包含補救教學資源與策略的運用、適性的編班、適時督導協助等，而這些行政措施也都是補救教學評鑑的重點，就教師的觀點會認為這就是補救教學成效。但從文獻中也發現教師行政工作負荷過大影響教師擔任補救教學師資之意願，歷年來的補救教學成效不彰，可能與教師花大多時間處理行政雜務，壓縮補救教學時間、品質，進而影響補救教學成效。

教師專業素養之高分組教師在補救教學理念與補救教學成效上，均顯著高於專業素養低分組之教師，顯見教師專業素養在補救教學成效上扮演重要的角色，其中又以課程與教學低分組與高分組之差異最大，從文獻中也發現教師課程設計欠佳、教學方法不當影響補救教學成效(李麗君，2012；洪儷瑜，2001)。因此要提高補救教學成效必須提升教師之專業素養，特別必須強化教師課程與教學能力。

第四節 教師專業素養、補救教學理念與補救教學成效整體結構模型分析

本節旨在以AMOS結構方程模式進行模式的配適度及因果關係檢測，驗證原住民重點國民中學教師「專業素養」、「補救教學理念」與「補救教學成效」間的模式關係。本研究在進行結構方程模式分析時，分為兩個階段，第一階段先針對各研究構面及其衡量題項進行Cronbach's α 係數分析及驗證性因素分析，以了解各構面的信度、收斂效度以及區別效度；第二階段再將多個衡量題項所縮減為少數衡量指標，然後運用線性結構關係發展結構模型加以分析，以驗證研究中各項假設檢定。因此先進行一階驗證性因素分析以縮減題目，並在進行二階驗證性因素分析以建立模型結構的配適

度情形。並依據多數研究較常採用評鑑模式整體配適度指標之指數、數值範圍及理想數值等作為本研究模式之檢測依據。

壹、整體模型結構與假設

　　本研究旨在探討教師專業素養與補救教學成效之關係，在實務教學經驗上教師專業素養會影響到教師的補救教學理念，也會影響到補救教學成效，教師專業素養會透過對補救教學理念影響補救教學成效，因而建立本研究結構模型概念性假設，如表4-4-1。

表 **4-4-1** 教師專業素養與補救教學成效概念性架構的假設

假　設	內　　容
H1	教師專業素養對知覺補救教學成效有正向影響
H2	教師專業素養對知覺補救教學理念有正向影響
H3	教師補救教學理念對知覺補救教學成效有正向影響

　　在經過一階及二階驗證性因素分析後，教師專業素養構面與補救教學理念構面都具有良好的信度、收斂效度與區別效度，接下來進行結構模型分析，以驗證概念性架構的配適度與假設，並分析各構面的直接效果與間接效果。由於各構面的信度、收斂效度及區別效度均已達可接受水準以上，故可以單一指標取代多重衡量指標，亦即以各子構面的題項得分之平均值，作為各子構面的得分，再由各子構面作為主構面的多重衡量指標，如教師專業素養為潛在變數時，其觀察變數包含專業知識平均分數、專業能力平均分數、專業態度平均分數、人格特質平均分數、多元文化素養平均分等五個子構面，而以補救教學理念為潛在變項時，其觀察變項為學校情境平均分數、行政支援平均分數與課程教學平均分數等三個子構面，而補救教學成效潛在變項則由補救教學成效的5題問題來做為子構面，包含實施情形、教師互動、學習成效、正向態度以及常規改善等五題，以測量教師專業素養、補救教學理念與補救教學成效三者之間關係，研究的概念性整體結構模型如圖4-4-1。

　　其中在教師專業素養觀察指標中，專業知識代表專業知識各題平均分數、專業能力代表專業能力各題之平均分數、專業態度代表專業態度各題平均分數、人格特質代表人格特質各題平均分數、多元文化代表多元文化素養各題之平均分數；而補救教學

理念觀察指標中，學校情境代表學校情境各題平均分數、行政支援代表行政支援各題
平均分數、課程教學代表課程與教學各題平均分數。

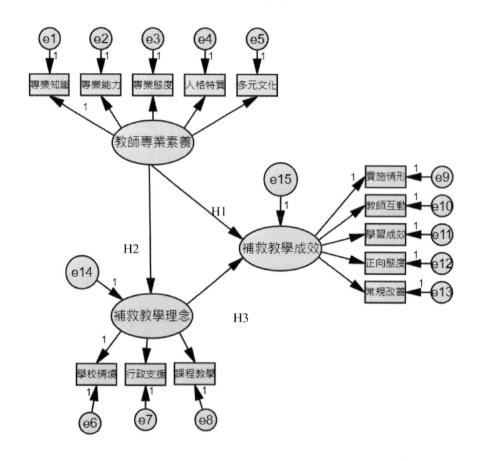

圖 4-4-1 教師專業素養與補救教學成效概念性整體結構模型

貳、整體結構模型修正

　　經計算教師專業素養及補救教學理念各子構面的平均數後，匯入整體結構模型執
行估計後產出圖4-4-2，發現整體結構模型的配適度情況不理想，GFI=.870、AGFI=.812、
NFI=.862、CFI=.889以上指標之標準必須大於.90，RMSEA=.108而且RMSEA必須小
於.08，因此必須進行整體結構模型修正。

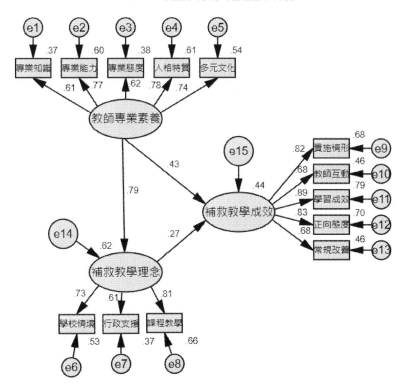

Default model Standardized estimates
卡方值=280.357（P值=.000）自由度=63
卡方自由度比值=4.450
GFI=.870 AGFI=.812 NFI=.862 CFI=.889
RMR=.045 RMSEA=.108

圖 4-4-2　修正前整體結構模型圖

　　利用AMOS之修正指標(MI)輔助模型修正，修正的標準為MI值較高且符合理論或實際狀況者，在修正指標中發現e9、e10之MI值為28.823，且兩者均屬於補救教學成效誤差項，因此在e9與e10建立相關應屬合理，建立相關後重新估計如圖4-4-3。第一次修正在e9與e10建立相關後各項指標均有所提高，但僅CFI=.905達到標準外，其餘GFI=.886、AGFI=.833、NFI=.878、CFI=.889、RMSEA=.101以上指標未達標準，因此必須進行第二次整體整體結構模型修正。

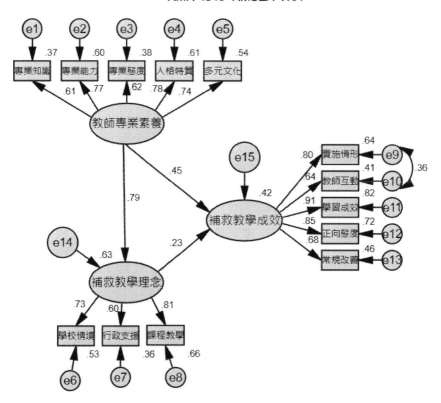

圖 4-4-3 第一次修正整體結構模型圖

　　在修正指標中發現e1、e2之MI值=18.010，且兩者均屬於教師專業素樣之誤差變項，分別為專業知識與專業能力之誤差變項，在兩者中建立相關應屬合理，重新估計後如圖4-4-4。第二次修正後GFI=.898、AGFI=.848、NFI=.888、CFI=.915、RMSEA=.096，以上指標除CFI外皆未達標準，因此必須再進行第三次整體整體結構模型修正。

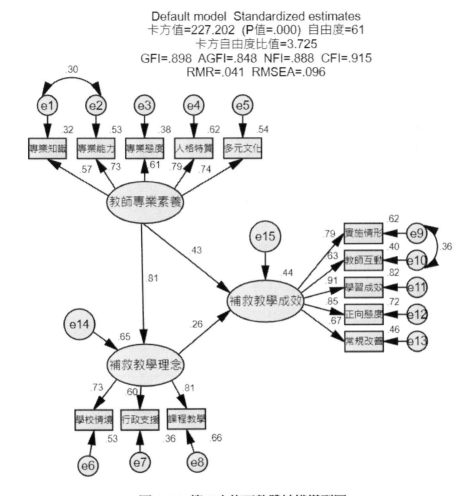

Default model Standardized estimates
卡方值=227.202（P值=.000）自由度=61
卡方自由度比值=3.725
GFI=.898 AGFI=.848 NFI=.888 CFI=.915
RMR=.041 RMSEA=.096

圖 4-4-4 第二次修正整體結構模型圖

在同屬於教師專業素養之誤差變項e1與e5建立相關(MI=7.449)如圖4-4-5。第三次修正後的結果各項指標如表4-4-2，從表中可知 χ^2 顯著的原因可能是因為樣本夠大的因素所造成，因此可以卡方自由度比值代替，吳明隆(2007)認為RMSEA 數值在.08~.10之間表示模式尚可，在.05~.08 之間表示模式良好，本研究模式RMSEA值為.095，AGFI=.849，其數值非常接近.90屬於可接受範圍，且大部分的指標都已達標準，整體來看修正後的結構模型配適度良好。

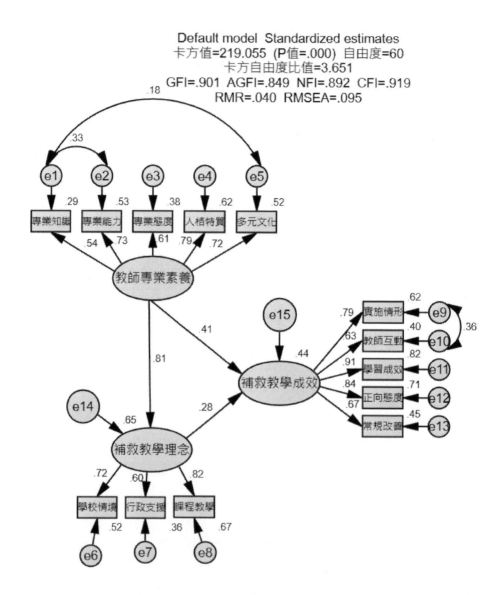

Default model Standardized estimates
卡方值=219.055 (P值=.000) 自由度=60
卡方自由度比值=3.651
GFI=.901 AGFI=.849 NFI=.892 CFI=.919
RMR=.040 RMSEA=.095

圖 4-4-5 第三次修正整體結構模型圖

另外針對模型的增量配適指標顯示，NFI=.892、NNFI=.894、RFI=.860這些指標都非常接近.90屬於可接受的範圍，而在精簡配適指標中顯示，PNFI=.686、PGFI=.707都大於.50的標準，雖然CN值120未達標準，但整體模型配適度仍達可以接受的標準，各項指標說明詳如表4-4-2。

表 4-4-2　整體模型配適度指標檢核表

統計檢定量		標準值	檢定結果	模型配適判斷
絕對配適指標	χ^2	越小越好(P $\geq$ α 值)	219.055(p=.000)	否
	χ^2/df	1~5 之間	3.651	是
	GFI	大於 0.9	.901	是
	AGFI	大於 0.9	.849	否(接近)
	RMR	小於 0.08	.040	是
	SRMR	小於 0.08	.080	是(等於)
	RMSEA	小於 0.08	.095	否(接近)
增量配適指標	NFI	大於 0.9	.892	否(接近)
	NNFI	大於 0.9	.894	否(接近)
	CFI	大於 0.9	.919	是
	RFI	大於 0.9	.860	否(接近)
	IFI	大於 0.9	.919	是
精簡配適指標	PNFI	大於 0.5	.686	是
	PGFI	大於 0.5	.707	是
	CN	大於 200	120	否

叁、整體模型參數估計檢驗

　　整體模型參數估計乃在檢驗教師專業素養、補救教學理念與補救教學成效三個構面(觀察變項)與各潛在變項之間的關係，茲分述說明如下：

一、教師專業素養構面

　　教師專業素養構面包含：專業知識、專業能力、專業態度、人格特質、多元文化素養等五個子構面，專業知識、專業態度之因素負荷估計值分別為 .54與 .61，其R^2值分別為 .29、.38，R^2值小於 .4表示解釋力較低，而專業能力、人格特質及多元文化素養之因素負荷值分別為 .73、 .79、 .72，t值也都大於1.96達到顯著水準。在R^2值方面分別為專業能力 .53、人格特質 .62、多元文化素 .52，R^2值都大於 .5者表示具解釋力。此外，由各構面之因素負荷加以比較得知，教師專業素養的認知中，以人格特質(.79)為最重要因素，其次為專業能力(.73)、多元文化素養(.72)、專業態度(.61)、專

業知識(.54)相對比較低，因此若想要提升教師專業素養必須重視人格特質、多元文化素養及專業能力等主要的關鍵因素。

二、補救教學理念構面

補救教學理念構面包含：學校情境、行政支援及課程與教學等三個子構面，課程與教學之因素負荷估計值為 .82，是所有子構面中最高者，此外R^2值為 .67大於 .5表示具有解釋力，而學校情境及行政支援子構面之因素負荷值分別為 .72與 .60、t值也都大於1.96達到顯著水準。在R^2值方面分別為學校情境 .52、行政支援 .36、除了行政支援之解釋力小於 .40較低外，課程與教學、學校情境階大於 .5者表示具解釋力，其次，由各構面之因素負荷加以比較得知，補救教學理念的認知中，以課程與教學 .82為最重要因素，其次為學校情境 .72、行政支援 .60相對比較低，因此補救教學理念之重要因素排序為課程與教學、學校情境、行政支援，因此，影響教師補救教學理念最重要的因素為課程與教學。

三、補救教學成效構面

補救教學成效構面包含：對補救教學實施滿意度(成效1)、補救教學教師間互動滿意情形(成效2)、學生學習成效滿意度(成效3)、補救教學強化學生正向學習輔導態度滿意度(成效4)以及補救教學後學生改善生活常規滿意度(成效5)等五個問題子構面，其中學生學習成效滿意度(成效3)之因素負荷估計值為 .91，是所有子構面中最高者，此外R^2值為 .82大於 .5表示具有高解釋力，而其他問題子構面之因素負荷值分別介於 .63— .84、t值也都大於1.96達到顯著水準。如表4-4-3所示，在R^2值方面分別介於 .40 — .71、皆大於或等於 .4具有高解釋能力，由上述分析得知，補救教學實施滿意度(成效1)、補救教學教師間互動滿意情形(成效2)、學生學習成效滿意度(成效3)、補救教學強化學生正向學習輔導態度滿意度(成效4)以及補救教學後學生改善生活常規滿意度(成效5)等五個問題均為影響補救教學成效之重要因素，其中以學生學習成效滿意度(成效3)對補救教學成效之關聯性最強。因此要提升補救教學成效，必須以提升學生學習成效的滿意度為最主要的關鍵因素。

表 4-4-3　整體模型參數估計表

參數			迴歸加權	標準誤	t 值	誤差變異數	t 值	R^2 值
專業知識平均	<---	教師專業素養	0.54	0.11	19.72	0.19	11.02	0.29
專業能力平均	<---	教師專業素養	0.73	0.12	15.93	0.13	9.62	0.53
專業態度平均	<---	教師專業素養	0.61	0.16	10.00	0.27	10.87	0.38
人格特質平均	<---	教師專業素養	0.79	0.13	12.59	0.11	8.64	0.62
多元文化平均	<---	教師專業素養	0.72	0.14	13.15	0.16	9.79	0.52
學校情境平均	<---	補救教學理念	0.72	0.12	11.86	0.17	9.08	0.52
行政支援平均	<---	補救教學理念	0.60	0.14	9.87	0.28	10.55	0.36
課程教學平均	<---	補救教學理念	0.82	0.11	12.36	0.09	6.91	0.67
成效 1	<---	補救教學成效	0.79	0.17	10.45	0.28	10.20	0.62
成效 2	<---	補救教學成效	0.63	0.14	9.01	0.31	11.20	0.40
成效 3	<---	補救教學成效	0.91	0.19	10.86	0.12	6.41	0.82
成效 4	<---	補救教學成效	0.85	0.18	10.47	0.20	9.01	0.71
成效 5	<---	補救教學成效	0.67	0.17	9.19	0.38	11.07	0.45
補救教學理念	<---	教師專業素養	0.81	0.11	8.23	---	---	---
補救教學成效	<---	教師專業素養	0.41	0.16	-3.00	---	---	---
補救教學成效	<---	補救教學理念	0.29	0.17	6.43	---	---	---
教師專業素養			---	---	---	0.02	4.67	
補救教學理念			---	---	---	0.01	4.52	0.65
補救教學成效			---	---	---	0.03	7.24	0.44

肆、研究假設檢定

　　經由實證分析與檢定結果，本研究所建構之教師專業素養、補救教學理念與補救教學成效關係模型路徑圖如 4-4-6 所示，圖中實線代表檢定後之顯著路徑，無括號數值為路徑係數，括號中數值表示該路徑 t 值，因此本研究之三條路徑教師專業素養

補救教學理念(t=8.23)、教師專業素養補救教學成效(t=-3.00)、補救教學理念補救教學
成效(t=6.43)等三條路徑均為顯著(t＞1.96)。

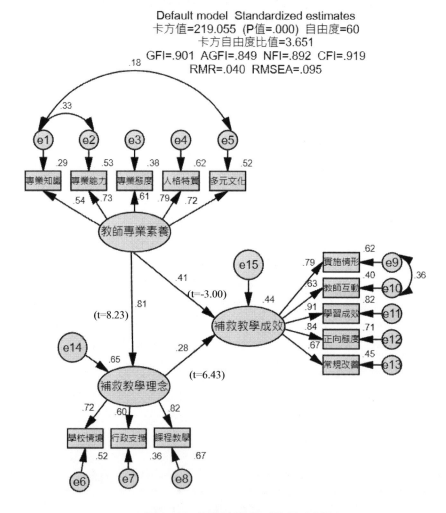

圖 4-4-6 整體結構模型路徑分析圖

本研究依據實證分析結果，進行研究假設之檢定，詳如表 4-4-4 所示。所獲得之
結論如下：

(一)假設一：教師專業素養對補救教學成效有顯著正向影響

教師專業素養對補救教學成效之路徑係數值為 .41，t 值為-3.00 絕對值大於
1.96，顯示該路徑係數估計值為顯著，故本研究之假設一成立，表示若教師專業
素養越高，則教師所感受的補救教學成效越高。

(二)假設二：教師專業素養對補救教學理念有顯著正向影響

　　　　教師專業素養對補救教學理念之路徑係數值為 .81，t 值為 8.23 大於 1.96，顯示該路徑係數估計值為顯著，故本研究之假設二成立，表示若教師專業素養越高，則教師所感受的補救教學理念越高。

(三)假設三：教師補救教學理念對補救教學成效有顯著正向影響

　　　　教師補救教學理念對補救教學成效之路徑係數值為 .28，t 值為 6.43 大於 1.96，顯示該路徑係數估計值為顯著，故本研究之假設三成立，表示若教師補救教學理念越高，則教師所感受的補救教學成效越高。

表 4-4-4　路徑關係檢定表

假設	路徑	假設關係	路徑值	假設成立與否
H1	教師專業素養 → 補救教學理念	正向	0.81*	成立
H2	教師專業素養 → 補救教學成效	正向	0.41*	成立
H3	補救教學理念 → 補救教學成效	正向	0.28*	成立

伍、影響效果分析

　　各潛在變數之影響效果，詳如表 4-4-5 所示，教師專業素養透過補救教學理念對補救教學成效有直接及間接的影響效果，其總效果為 .64，其中教師專業素養對補救教學理念有正向直接的影響效果，其效果值為 .81；此外補救教學理念對補救教學成效亦有正向直接影響，其效果值為 .28。

　　由以上的效果分析中發現，對於教師的補救教學成效而言，影響最大的因素是教師專業素養，其次是補救教學理念。

表 4-4-5　整體模型影響效果表

潛在依變數	潛在自變數	直接效果	間接效果	整體效果	假設成立否
教師專業素養	補救教學理念	0.81	----	0.81	H1 成立
	補救教學成效	0.41	.81*.28=.23	0.64	H2 成立
補救教學理念	補救教學成效	0.28	-----	0.28	H3 成立

陸、綜合討論

本節旨在以 AMOS 結構方程模式進行模式的因果關係及配適度檢測，驗證原住民重點國民中學教師「專業素養」、「補救教學理念」與「補救教學成效」間的模式關係，經檢驗結果教師專業素養、補救教學理念與補救教學成效建構的整體模式適配度良好。教師專業素養、補救教學理念之間的交互作用對補救教學成效具有顯著因果關係，本模型證明影響教師補救教學成效的重要因素為教師專業素養，其次為補救教學理念，而且教師專業素養透過補救教學理念影響補救教學成效。

此研究發現與 Darling (2006)及 Rowe(2003)之研究結果相同「教師素養是決定學生學業成就的重要關鍵，教與學的品質是影響學生認知、情感、和行為結果的最重要因素」。也與翁子雯(2006)之研究發現「教師素質越高，教學品質也愈佳，而學生的學習效果愈好」。

第五節 教師開放問卷分析

本節主要針對本研究量表之不足，額外設計教師開放問卷以及學生補救教學現況調查問卷，作為本研究之參考，茲將研究分析結果分述如下：

壹、教師專業素養、補救教學理念與補救教學成效開放式問卷之探討

本問卷之開放性問題共有兩題，一為教師專業素養之排序與其他素養，二為補救教學實施時所遭遇之困難。

一、教師專業素養排序

開放式問卷的題目內容為「原住民重點國民中學教師業素養(1)專業知識、(2)專業能力、(3)專業態度、(4) 人格特質、(5)多元文化素，其重要性的排序為何?(如5,3,4,1,2,等請依個人認為的重要性排序)，除了這些素養以外還有哪些您認為是重要的素養?」，根據填答者的意見反應整理如下：

(一)本問卷共計有 297 份有效問卷，其中共有 57 位教師本題未作答，240 位教師回答本問題，填答率為 80.81%。

(二)教師專業素養排序整理如表 4-5-1，教師認為專業素養中最重要的素養(排序第一順位)以多元文化素養出現次數 92 次最多(佔 38.3%)，其次為專業態度(N=62，25.8%)、專業能力(N=32，13.3%)、人格特質(N=28，11.7%)、專業知識(N=26，

10.8%)；教師認為教師專業素養中最不重要的素養(排序第五順位)，以人格特質出現的次數最多(N=96，39.9%)，依序為專業知識(N=72，30%)、多元文化(N=48，20%)、專業能力(N=14，5.8%)、專業態度(N=10，4.3%)。

表 4-5-1 教師專業素養重要性排序

項目	第一順位		第二順位		第三順位		第四順位		第五順位	
	次數	比率	次數	比率	次數	比率	次數	比率	次數	比率
專業知識	26	10.8%	30	12.5%	49	20.4%	63	26.1%	72	30%
專業能力	32	13.3%	51	21.3%	63	26.3%	80	33.3%	14	5.8%
專業態度	62	25.8%	83	34.6%	65	26.9%	20	8.3%	10	4.3%
人格特質	28	11.7%	36	15%	37	15.4%	44	18.2%	96	39.9%
多元文化	92	38.3%	40	16.7%	26	10.8%	34	14.2%	48	20%

N=240

計算方式以加權計分來計算，第一順位 5 分、第二順位 4 分、第三順位 3 分、第四順位 2 分、第五順位 1 分，教師專業素養各子構面之重要性加權計分如表 4-5-2。整體來看在教師專業素養中以專業態度最為重要其次為多元文化素養、專業能力、專業知識，而以人格特質排序最低。

表 4-5-2 教師專業素養加權計分排序

項目	加權計算	總分	排序
專業知識	26*5+30*4+49*3+63*2+72*1	595	4
專業能力	32*5+51*4+63*3+80*2+14*1	727	3
專業態度	62*5+83*4+65*3+20*2+10*1	887	1
人格特質	28*5+36*4+37*3+44*2+96*1	579	5
多元文化素養	92*5+40*4+26*3+34*2+48*1	814	2

N=240

二、其他重要專業素養

本研究定義的教師專業素養包含專業知識、專業能力、專業態度、人格特質與多元文化素養等五大部分，並根據這五大子構面設計問卷題目，當開放性問卷題目問教師，除了這些素養以外你認為還有那些重要素養?有 68%之教師回答〝無〞，或沒有回答，有回答者之答覆經整理分析歸納如表 4-5-3，大部分回答的內容不出本研究所歸納之五大部分，只是教師的用詞不同而已，但也有新增加的能力部分如人文素養、生涯進路輔導能力、抗壓能力、經營人脈能力、科技運用能力、與媒體互動之能力，以及對外爭取資源之能力等。

表 4-5-3　教師專業素養反應意見歸納表

項目	本研究定義內容	填答者意見反應內容
專業知識	專門學科知識 課程教材知識 教育方法知識 學生學習發展知識 多元文化知識	 對學生背景的了解和關懷
專業能力	教學能力：教學計畫準備能力、實施教學能力、 　　　　　教學評量能力、文化回應教學能力 行政能力：參與校務能力、班級經營能力 互動能力：語文表達、人際溝通、輔導學生 研究能力：做研究能力、專業成長能力	自編教材能力 班級經營能力 與家長或社區人士溝通能力、溝通能力與技巧、協調能力
專業態度	教育信念 教師形象 專業倫理	敬業的態度 教育熱忱、要有熱情投入教育的心 同理心、耐心
人格特質	創造力 幽默風趣 快樂的 友善的 與眾不同的	要有愛心 要喜歡學生

(續下頁)

多元文化素養	多元文化知覺	面對固有文化與接納外來文化的衝擊
	多元文化省思	對多元文化之真正認同與理解
	文化霸權之批判	當地文化認同感、接受族群不同的差異
	多元族群和諧	多元尊重
新增能力		人文素養、經營人脈能力，科技運用能力
		抗壓能力、生涯進路輔導能力
		與媒體互動能力，爭取資源能力

三、補救教學所遭遇的困難

　　為了深入探究補救教學之困難，除了封閉式問卷外另外增設一題開放性問題，題目內容為「我認為目前補救教學所遭遇的困難除上述問卷描述外還有哪些?」，茲將填答者的反應意見內容呈現如附錄五。

　　茲將教原住民重點國民中學師對補救教學實施所遭遇困難，意見反應陳述歸納如下：

(一)有關學校行政部分

　　教師意見反應部分主要歸納為：教育政策限制和規定太多、行政工作太過繁瑣，外務干擾(訓練、比賽、活動等)而影響補救教學實施、補救教學班級學生人數少分組不易，班級學生人數雖少但異質性大，補救教學學生出席率不佳，部分學校教室空間不足，夜間輔導學校無力負擔電費等。

(二)有關補救教學師資部分

　　偏鄉地區學校招募師資不易，教師流動率大，學校教師人力匱乏，教師又兼任導師或行政事務繁多，使得教師無力也沒有時間從事補救教學。

(三)有關課程教材部分

　　課程進度的壓力使得個別差異化教學難以落實，補救教學教材不足，且難以適應個別學校以及學生之需求。

(四)有關教學實施部分

　　補救教學時間不足，每周僅 1-2 節無法真正落實補救，且上課時間安排不佳，通常在第八節課，此時師生都以身心俱疲影響學習效果。而且補救教學應盡早開始實施，從國中才開始補救緩不濟急。

(五)有關學生學習部分

　　最主要的是學生學習動機薄弱，雖然是小班上課但學生程度落差還是很大，補救教學沒有強制力學生出席率不佳，以及運動團隊訓練等影響學習成效。

(六)有關家庭支援部分

　　原住民重點國民中學之學生家長對學生沒有期許，也沒有辦法以身作則，家長配合支持度差，無心也無力協助學生學習。

(七)有關建議部分

　　大部分老師建議補救教學要有配套措施，希望制度上能給予更大的彈性，如給學校安排半天的空白課程以便補救，另從國小紮根開始，不要等到國中才來補救為時太晚，老師也必須於課堂中針對學習落後學生即時補救，而非等到課後再進行補救。

貳、學生補救教學現況調查問卷分析

　　本研究針對原住民重點國民中學學生之籍別、性別、年級別與補救教學資源、補救教學成效、師生互動關係分別進行 t 檢定，以考驗是否有差異存在。

(一)不同籍別之學生在補救教學意見調查分析

　　如表 4-5-4 所示，原住民重點國民中學之原住民籍學生補救教學之師生互動關係、補救教學資源以及補救教學成效之滿意度平均數高於非原住民籍學生，但並沒有達到統計顯著水準，亦即原住民重點國民中學不同籍別之學生在補救教學意見調查中各層面並無顯著差異。

表 4-5-4　不同籍別之學生在補救教學意見調查之差異分析摘要表

項目	背景變項	N	平均數	標準差	t 值
師生互動關係	原住民	390	3.90	0.87	.93
	非原住民	117	3.81	0.95	
補救教學資源	原住民	390	3.75	0.94	.65
	非原住民	117	3.68	0.99	
補救教學成效	原住民	390	3.63	0.94	1.32
	非原住民	117	3.50	0.91	

N=507　　*代表顯著

(二)不同性別之學生在補救教學意見調查之差異分析

　　由表 4-5-5 得知，原住民重點國民中學之男生在師生互動關係、補救教學資源以及補救教學生效之平均數都低於女生，經 t 考驗結之果不同性別之原住民重點國民中學學生在師生互動關係及教學資源上並沒有顯著差異，但在補救教學成效上原住民重點國民中學男生顯著低於女生(t=-2.17)，亦即原住民重點國民中學女生在補教教學成效滿意度上顯著高於男生。

表 4-5-5　不同性別之學生在補救教學意見調查之差異分析摘要表

項目	背景變項	N	平均數	標準差	t 值
師生互動關係	男生	259	3.851	0.916	-.657
	女生	248	3.903	0.859	
補救教學資源	男生	259	3.684	0.972	-1.203
	女生	248	3.786	0.934	
補救教學成效	男生	259	3.402	1.138	-2.166*
	女生	248	3.613	1.054	

N=507　　*< .05

(三)不同年級之學生在補救教學意見調查之差異分析

　　從表 4-5-6 得知，不同年級之原住民重點國民中學學生在師生互動關係、補救教學資源以及補救教學成效之平均數國二學生高於國三學生，但並沒有達到統計顯著水準，因此原住民重點國民中學之不同年級學生在補救教學意見調查上並無顯著差異存在。

表 4-5-6　不同年級之學生在補救教學意見調查之差異分析摘要表

項目	背景變項	N	平均數	標準差	t 值
師生互動關係	國二	197	3.921	0.888	.921
	國三	308	3.847	0.891	
補救教學資源	國二	197	3.810	0.933	1.451
	國三	308	3.683	0.967	
補救教學成效	國二	197	3.659	0.891	1.119
	國三	308	3.563	0.960	

N=507　　*代表顯著

叄、綜合討論

　　從教師的專業素養開放問卷題目與封閉性題目得出來的結果相同，有關教師專業素養的部份都一致認為教師的專業態度最為重要，而以多元文化素養、人格特質得分較低，教師認為其他重要的專業素養包括人文素養、科技素養、媒體素養等，在原住民區學校服務，面對的是弱勢族群的學生，教師的專業態度與多元文化素養格外重要，因此必須強化教師的服務態度與多元文化素養。

　　補教教學所遭遇的困難師資短缺、補救教學師資要兼任太多行政雜務工作影響教學，以及補救教學時間安排不佳，上課時間太短等，學生學習意願薄弱、學生程度落差大，家庭支持不夠以及配套措施不好，如果能夠及時補救於課堂中或在國小階段就開始補救則效果會更好。

　　學生的意見反應中以師生互動關係層面最佳，再次驗證小班教學有助於師生彼此互動，而在教師的補救教學成效問卷中也以教師間的互動關係得分最高，但不論是教師或學生問卷中都發現補救教學成效差，可見原住民重點國民中學補救教學著重人際互動，忽略補救教學的專業性，目前補救教學實施現況，國小大都以「作業指導」，國中則以「正式課程延伸」為主，缺少針對學生學習問題診斷提出合適的補救課程與教法，對於補救教學的成效不太在乎，或者有部分教師認為補救教學有就好，因此造成補救教學成效不彰。

　　在學生問卷中發現補救教學成效中女生顯著高於男生，可能的原因是在這階段的男生較為好動，心情較不穩定以致在補救教學成效中不如女生，另從補救教學進步的滿意度來看以國文科、英文科的滿意度較數學科與自然科高，一般文科為女生較為擅長，因此推斷會產生國中女生補救教學成效顯著高於國中男生。原住民學生在數理方面的學業成就表現不佳，可能與原住民學童學習特性崇尚自由性、群體性與視覺型欠缺邏輯與規律有關(陳枝烈，2002，李瑛，1998)，因此在原住民重點學校任教之教師必須具備多元文化素養，以原住民學生文化環境及慣用的思考模式進行課程設計與教學，如此才有辦法提升原住民學生的學習成效。

發展趨勢

第五章　教師專業發展與補救教學成效實證分析結果

　　本研究旨在藉由文獻探討與問卷調查分析法，探討原住民重點國民中學教師專業素養、補救教學理念與補救教學成效之關係，本研究依據所蒐集的文獻，加以探討與分析，以了解原住民重點國民中學教師專業素養與補救教學相關的內涵。並作為研擬本研究之基礎，進而提出教師專業素、補救教學理念與補救教學成效的研究架構。之後進行問卷的編制、修正、預測、項目分析、信度、效度考驗後，形成本研究正式的研究工具，最後進行實證性的研究。經由結構方程模式驗證性因素分析篩選因素負荷值高的題目作為模型建構和路徑分析之依據，以了解教師專業素養與補救教學理念對補救教學成效之關係影響。

　　本章主要探討原住民區教師專業素養、補救教學理念與補救教學成效實證分析結果，共分成六個部，第一部分為原住民區教師專業素養、補救教學理念與補救教學成效之現況分析，第二部分為不同背景變項之原住民區教師在教師專業素養、補救教學理念、補救教學成效間的差異分析，第三部分為原住民區教師專業素養、補救教學理念與補救教學成效之相關分析，第四部份為原住民區教師專業素養、補救教學理念與補救教學成效之路徑分析。第五部分為原住民區學生補救教學現況調查問卷分析，第六部分為原住民區教師開補救教學開放問卷分析。

壹、教師專業素養、補救教學理念與補救教學成效實證分析結果

　　本研究於正式問卷回收後，經由結構方程模式一階及二階驗證性因素分析，刪除因素負荷值較低之題項，然後再進行差異分析與徑路分析結果，所獲得的結論分述如下：

一、教師專業素部分

(一) 原住民重點國民中學教師專業素養整體與各子構面平均分數均高於 3 分，教師專業素養整體層面得分平均為 4.02，就各構面來看專業態度較高(M=4.17)，依次為專業能力(M=4.06)、專業知識(M=4.02)、人格特質(M=3.91)，以多元文化素養得分較低(M=3.85)。

(二) 原住民重點國民中學教師專業素養在各題項平均得分介於 3.78—4.21 之間均高
於平均數 3 以上，由此推論原住民重點國民中學教師之專業素養在中等以上程
度。

二、教師補救教學理念部分

(一) 原住民重點國民中學教師補教教學理念在整體層面平均得分為 3.85，在補救教學
理念子構面中以學校情境得分較高(M=3.94)，其次為課程與教學(M=3.88)，以行
政支援層面較低(M=3.72)。

(二) 原住民重點國民中學教師補救教學理念在各題項平均得分介於 3.592—4.033 之
間均高於平均數 3 以上，由此推論原住民重點國民中學教師之補救教學理念在中
等以上程度。

三、補救教學成效部分

(一) 原住民重點民中學教師補救教學成效整體滿意度平均得分為 3.43，以「補教教
學教師間的互動」滿意度較高(M=3.68)；依次為「補救教學能強化學生正向學習
態度」(M=3.52)、「對於目前補救教學實施情形我感到滿意」(M=3.41)、「補救
教學實施後學生學習成效我感到滿意」(M=3.33)，「補救教學能改善學生生活常
規」滿意度較低(M=3.20)。

(二) 原住民重點國民中學教師補救教學成效在各題項平均得分介於 3.20—3.68 之間
均高於平均數 3 以上，由此推論原住民重點國民中學教師知覺補救教學成效在中
等以上程度。

(三) 教師專業素養，補救教學理念與補救教學成效這三個量表之平均得分以教師專業
素養最高(M=4.02)，其次為補救教學理念(M=3.85)補救教學成效最低(M=3.43)。

貳、不同背景變項之教師在專業素養、補救教學理念與補救教學成效之分析結果

(一) 不同性別、年資、學歷、職務、學校規模之原住民重點國民中學教師在專業素養
整體層面與專業知識層面、專業能力層面、專業態度層面與人格特質層面與多元
文化素養層面上沒有顯著差異。

(二) 原住民籍之原住民重點國民中學教師在教師在多元文化素養上顯著高於非原住
民籍教師(t=2.35)。

(三) 不同籍別、年資、學歷、職務之原住民重點國民中學教師在補救教學理念整體層面與學校情境層面、行政支援層面與課程教學層面上沒有顯著差異。

(四) 男性原住民重點國民中學教師在整體補救教學理念層面顯著高於女性教師(t=2.35)；男性原住民重點國民中學教師在行政支援層面顯著高於女性教師(t=3.76)。

(五) 6班以下之小型學校教師在學校情境顯著高於13班以上之大型學校(F=4.28*)；6班以下之小型學校教師在補救教學理念整體層面顯著高於13班以上之大型學校(F=4.34*)

(六) 不同籍別、性別、年資、學歷、職務、學校規模之原住民重點國民中學教師在補救教學成效沒有顯著差異。

叁、教師專業素養、補救教學意念與補救教學成效相關分析結果

(一) 原住民重點國民中學教師專業素養各層面與補救教學意念各層面有顯著正相關，相關係數介於.21--.60之間；教師專業素養與補救教學成效間有顯著正相關，相關係數介於.20--.45之間；教師補救教學理念與補救教學成效間有顯著正相關，相關係數介於.50--.66之間。

(二) 教師專業素養與補救教學理念之相關中，以專業態度和行政支援的相關較低(r=.21)，以人格特質與課程教學相關較高(r=.55)。

(三) 教師專業素養與補救教學成效之相關中，以專業知識和補教教學成效的相關較低(r=.20)，以多元文化素養與補救教學成效相關較高(r=.45)。

(四) 教師補救教學理念與補救教學成效之相關中，以學校情境和補教教學成效的相關較低(r=.50)，以行政支援與補救教學成效相關較高(r=.57)。

(五) 原住民重點國民中學教師專業素養高分組教師在補救教學理念整體及各子構面以及補救教學成效均顯著高於專業素養低分組之教師。

肆、教師專業素養、補救教學理念、補救教學成效之路徑分析結果

(一) 教師專業素養各子構面中，影響教師專業素養最重要的因素為教師人格特質，其因素負荷值為.79，可解釋的變異量值為62%。

(二) 補救教學理念各子構面中，影響補救教學理念最重要的因素為課程與教學，其因素負荷值為.82，可解釋的變異量為67%。

(三) 在補救教學成效方面以教師知覺學生學習成效滿意度的因素負荷值 .91 最高，期可以解釋的變異量為 82%，亦即影響補救教學成效最重要的關鍵因素為學生的學習成效。

(四) 教師專業素養透過補救教學理念對補救教學成效有直接及間接的影響效果，其總影響效果為 .64，其中教師專業素養對補救教學理念有正向直接的影響效果，其效果值為 .81；此外補救教學理念對補救教學成效亦有正向直接影響，其效果值為 .28。

伍、學生補救教學現況調查問卷分析結果

(一) 學生問卷各題項平均得分介於 3.4—4.0 之間，可見學生對補救教學滿意程度屬於中上程度。

(二) 學生問卷層面分析中以「師生互動關係」層面得分最高(M=3.88)，「補救教學資源」層面(M=3.73)次之，以「補救教學成效」層面得分最低(M=3.60)。

(三) 原住民重點國民中學男學生在補救教學成效上顯著低於女學生(t=-2.17)。

(四) 在複選題中學生認為參加補救教學最大的收穫為「學科成績進步」、依次為「養成良好的學習態度和習慣」、「提高自己學習的信心」、「克服學習困難」、「提高學習動機與興趣」、「培養良好的師生關係」，也有部分學生(5.09%)認為參加補救教學「沒有收穫」。

陸、教師開放問卷分析結果

(一) 原住民重點國民中學教師專業素養重要性排序，以教師的專業態度排序最高，依次為多元文化素養、專業能力、專業知識，人格特質排序最低。

(二) 教師專業素養除了專業知識、專業能力、專業態度、人格特質與多元文化素養外，還有哪些重要素養?教師的回答尚包括人文素養、媒體素養、科技素養、抗壓能力、學生進路輔導能力與爭取資源之能力等。

(三) 補救教學所遭遇困難部分，學校行政支援配合不佳、師資人力短缺、補救教學教材不足、補救教學時間不夠，補救教學起點較晚、學生學習意願不強，家長配合度差等。

(四) 針對補救教學之建議，教師建議補救教學要有配套措施，如給予課程較大的彈性，補救教學時間要從國小做起，教師於課堂間發現問題時就必須及時給予補救教學等。

第六章 教師專業素養、補救教學成效改進之建議

　　根據第五章之研究結論與發現，本章針對教師專業素養、補救教學理念、補救教學成效、原住民重點國民中學、教育行政單位以及進一步研究提出以下建議：

壹、對於教師專業素養之建議

一、系統規劃研習提升教師專業素養

　　教師專業素養包含專業知識、專業能力、專業態度、人格特質與多元文化素養，辦理教師研習或進修可以參考教師專業素養中，教師較為欠缺的部份，另教師專業素養會隨著時代的脈動而改變，因此如何因應時勢需求規劃教師研習，以提升教師之專業素養，在現今快速變化的教育潮流中格外重要。

二、鼓勵教師進行自我專業素養反思重燃教育熱情

　　本研究調查發現「我經常反省自己的專業決定」平均分數 4.134 在五點量表中屬於高程度，另「我認為從事教育是一件充實而有意義的工作」平均分數為 4.208 是所有題目中最高者，可見當時會選擇教育工作是充滿熱情與理想，但幾年過後可能熱情不再，因此，教師若能經常反思自己的專業知識、專業能力、專業態度進而做出正確的專業決定，必能提升教師專業素養重新找回教育的熱忱。

三、融入當地文化提升教師多元文化素養

　　原住民區教師具有多元文化素養，才能省思批判文化霸權對原住民教育的影響，進而能以文化回應教學提升原住民學生之學業成就，但本研究調查發現，在教師專業素養中以多元文化素養構面的分數最低，顯見原住民重點國中教師欠缺多元文化素養，在各題目中以「我在佈置學習情境時會考慮到學生族群文化特色」得分 3.784 是所有題目中最低，「我在課程設計時會將學生的文化融入其中」得分 3.835 也是相對較低；另本研究也發現原住民籍教師在多元文化素養顯著高於非原住民籍教師，因此必須鼓勵教師熟悉、接納、了解當地的原住民文化，並將原住民學生文化融入課程設計，以提升原住民重點國中教師多元文化素養。

貳、對於補救教學理念之建議

一、落實行政支援教學

　　補救教學理念三個構面中以「行政支援」分數最低，其中又以「學校有成立補救教學規劃小組定時討論補救教學相關問題」是所有題項分數最低；「學校能依據學生的起始能力編班」、「學校能引進社會資源辦理弱勢學生學習扶助」都是相對較低的部分，可見補救教學行政運作在教師的感受是相對較低，另外從開放問卷中亦發現，補救教學時間規畫、上課地點的安排、過多的行政雜務工作等都會影響到補救教學的成效，因此，必須強化行政主動支援教學，而非教學來配合行政。

二、對補救教學教師之建議

(一)提升教師課程與教學能力

　　本研究發現教師課程與教學能力和補救教學成效顯現高度正相關(r=.539)，補救教學強調差異化、個別化與適性化之教學，但現行教師對補救教學之策略通常就是原教材，原教法不斷的重複學習，未能針對受輔學生之需求，進行適性有效之教學，以致師生對補救教學都感到很疲乏且沒有成就感。另在開放問卷中發現欠缺補救教學教材、補救教學時間不足是老師在進行補教教學時最常遭遇到的困難，因此，如何診斷受輔學生的學習問題，透過教材的調整，多元評量、指導方法策略來協助學生學習等，都是需要提升教師的課程與教學能力。在本研究中也發現男學生在補救教學成效上顯著低於女學生，另在補救教學的進步滿意度上以國文科較佳，自然、數學較差，以上這些都可以提供給補救學老師參考，以做為擬定補救教學策略之依據。

(二)善用教師良性互動建立知識分享平台

　　本研究發現在補救教學成效的滿意度中以教師間互動滿意度最高，亦即補救教學班教師與原班級任課教師間互動良好，從教師補救教學開放問卷中得知教師人力不足以及教師補救教學心態影響補救教學成效；另教師也反應補救教學教材不足，不敷學校或個別學生使用，因此建立一個全國教師互動平台，形塑一個優質知識分享的團隊模式，分享彼此補救教學經驗與補救教學教材，有其必要性。

叁、對於補救教學成效之建議

一、促進補救教學專業化提升補救教學成效

　　從學生問卷以及教師問卷中發現，補救教學成效都是得分最低的，由此可見補救教學成效不彰，從教師的開放問卷中得知原住民重點國民中學教師不願意擔任補救教學教師是因為補救教學成效有限，而教師的觀念與能力影響補救教學成效甚大，補救

教學必須擺脫傳統的有補就好的觀念，教師必須發揮專業診斷與教學能力，針對學生的需求與弱點及時給予補強，以免形成學習落後與挫敗。

二、強化弱勢家長功能與責任

　　從開放問卷中得知，家長沒有時間、沒有能力配合補救教學，學生學習返家後無法繼續學習，甚至無法完成學校作業，導致補救教學成效不佳，另有教師反應有部分家長需要學生幫忙協助家務，或聽從學生的意見不願讓學習低成就子女參與補救教學，甚有家長汙名化補救教學，認為參加補救教學是貼標籤，而不讓子女參加補救教學，因為法令無強制規定，導致有部分學習低成就學生因為家庭因素而沒有機會參與補救教學，因而必須立法強制家長的責任與功能。

三、適性有效之教學提升學生參與補救教學之意願

　　從學生問卷中發現學生認同參加補救教學可以讓自己學科成績進步、提高自己的學習的信心、養成良好的學習態度和習慣以及克服學習困難等，但問到「如果有機會，我會再參加學校辦理的補救教學」是所有題目得分相對較低，可見學生再參與補救教學意願低，從複選題中也發現有部分學生認為參加補救教學後沒有收穫，也是導致學生不願意再參與補救教學的原因，因此教師必須要適性及有效的教學以吸引學生參與補救教學。

四、以優勢學習遷移提升補救教學成效

　　本研究發現不管是在教師或學生的調查中都發現補救教學成效都是得分最低的項目，可見補救教學成效讓原住民重點國民中學師生感到不滿意；另外從教師開放問卷中得知，學生學習意願薄弱，是影響原住民重點國民中學補救教學學習成效的最主要原因，根據多元智能理論觀點，每個人都有都有不同的智能，並不是所有學生都用相同的方式學習，教師要找出學生自己的優勢智能，強化學生優勢智能的學習遷移，而非只是弱勢智能的補強而已，以提升補救教學之成效。

肆、對於原住民重點國民中學之建議

一、引進社會資源減輕補救教學師資負擔

　　根據本研究教師開放問卷調查發現「原住民重點國民中學大部分學校地處偏遠，教師招聘不易，教師擔任補救教學負擔沉重」，因此如何運用社會資源協助學校教學格外重要，如與大學或民間單位合作課業輔導或利用網路教學等；另外簡化補救教學

行政工作以提升教師參與意願，都是減輕原住民重點國民中學教師補救教學工作負擔。

二、依據學生能力適性編班減少學習落差

　　本研究開放問卷中發現補救教學學生程度落差大，是教師進行補救教學時所遭遇到的困難，另從教師問卷中也發現「學校能依據學生的起始能力進行適性的編班」是所有題目得分最低的，可見教師對適性編班感到不滿意，因此學校必須適性編班，以利教師進行補救教學。

三、營造兩性和諧之補救教學環境

　　從本研究中發現行政支援與補救教學成效屬於高度正相關(r=.572)，而教師在補救教學理念構面中行政支援的得分最低(M=3.718)，另外女性教師在行政支援及整體補救教學理念上顯著低於男性教師，顯示教師在行政支援的感受程度較低特別是在女性教師方面，因此，學校如何運用資源與策略為教師提供一個溫暖、良好的補救教學環境對補救教學成效提升有很大助益。

伍、對於教育行政機關之建議

一、原住民重點學校教師甄試應著重多元文化素養

　　本研究發現多元文化素養與補救教學成效呈現高度正相關，且多元文化素養在教師專業素養中屬於相對較為重要之因素，由於原住民教育為弱勢教育更加需要教師有多元文化素養，教師如果能夠體認社會結構不公平，原住民學生文化衝突與文化剝奪所造成的學習不利，並針對原住民學生文化課程設計與教學，對原住民學生低學習成就才會有所幫助，因此在原住民重點學校教師甄試時應著重教師之多元文化素養。

二、重視教師專業態度形塑優良教師

　　本研究結果原住民重點國民中學教師專業素養中，以教師的專業態度最為重要，但在教師的考評或教師晉級卻甚少被重視，一般教師教師的研習中也都以教師的專業知識與專業能力培育為主，忽略了教師的專業態度，然而教師的專業態度對教師的形象與教學成效有關鍵重要的影響。

陸、進一步研究之建議

一、擴大研究對象為一般地區之教師

　　本研究以原住民重點國民中學教師為研究對象,研究結果推論也以原住民重點國民中學為主,未來研究可針對一般地區的國民中學教師為對象,建立全國性一致的教師專業素養標準,以提升全國國民中學教師之專業素養,亦可以與原住民區學校做比較,以找出原住民區學校發展之盲點。

二、教師專業素養必須跟隨時代脈動改變

　　教師專業素養是一個動態的過程,會因應時代的不同而有所修正,因此教師專業素養每隔一段時間必須更新檢討以符合時代需求,因此有關教師專業素養之研究應該定期舉行,一方面可以了解教師素質狀況,同時從時間的縱貫研究上可以看出教育發展的方向。

三、以此發展建立教師專業素養指標

　　本研究教師專業素養以教師專業知識、專業能力、專業態度、人格特質與多元文化素養等五個構面來測量,由於研究的內容與時間的限制,無法針對教師專業素養之具體項目與標準作分析,建議未來研究可朝師專業素養之指標建構發展,以確立教師專業素養之具體內容,以作為教師專業發展與教師評鑑之依據。

四、針對補救教學成效的部分可以質性研究深入探討

　　本研究結果發現影響補救教學成效最重要的關鍵因素為「教師知覺學生學習成效滿意度」其因素負荷量為 .91,可以解釋的變異量為82%,雖然現在教育部已建置國民小學及國民中學補救教學科技化評量系統,教師或行政單位可以很快的從網站的評量系統中資料了解補救教學之診斷與成效,但它畢竟只是個量化的數據,若能輔以質性訪談研究相信將更能深入了解補救教學之困境與對策。

參考文獻

一、中文部分

大前研一(2009)。**專業--你的唯一生存之道**。呂美女譯，臺北市：天下文化出版社。

中國生產力中心(2008)。**96 學年度原住民族教育調查統計報告**。臺北市：行政院原住民族委員會。

王文科、王智弘(2010)。**教育研究法**(14 版)。臺北市：五南。

王世英、陳淑麗、熊同鑫（2007a）。**臺東地區弱勢國中學生課輔模式與需求之探**

王世英、溫明麗、黃乃熒、許文光、陳昺菎（2007b）。**外籍配偶子女納入學校教育體系之課程與教學研究**。臺北：國立教育資料館。

王立行、饒見維（1992）。**教育專業化與教育實習的實施**。臺北：師大出版社。

王雅玄（1999）。多元文化課程評鑑的量化途徑。**人文及社會學科通訊，10**(1)，146-159。

王雅玄(2007)。多元文化素養評量工具及其應用：現況與展望。**教育研究與發展月刊，3**(4)，149-180。

王潔真（2008）。**國民小學攜手計畫之政策執行研究—以苗栗縣為例**(未出版之碩士論文)。私立逢甲大學公共政策所，臺中市。

王薇舒(2009)。**台南縣市國民中學國文教師專業素養與教學效能之研究**(未出版之碩士論文)。致遠管理學院教育研究所，臺南市。

王麗雪(2015)。**影響補救教學實施成效之因素分析-以桃園縣國小為例**(未出版之碩士論文)。私立開南大學，桃園市。

田耐青(1999)。**多元智慧理論—學習是可以快樂的、成功的**。臺北：世紀領袖教育研究發展中心。

仲小敏(2005)。論科學課程教師專業素養：挑戰與發展。**課程、教材、教法，25**(8)，79-83。

江昭青(2009 年 12 月)。需要補救的「補救教學」。**親子天下雜誌，9**。取自 https://www.parenting.com.tw/article/5020382/

何青蓉（2003）。從多元與差異到相互的理解與認同。**兩性平等教育季刊，24**，106-112。

何青蓉(2004)。跨國婚姻移民教育初探：從一些思考陷阱談起。**成人教育雙月刊，75**，
　　2-10。

何俊青、王翠嬋(2015)。國民中小學課後方案實施現況之研究：以澎湖縣為例。台中
　　教育大學學報，29(1)，1-25。

吳天泰(1995)。原住民國民教育現況。載於**八十三年度師範院校山地暨離島在學學生
　　研習營手冊**。國立花蓮師範學院原住民教育中心主辦。

吳育庭(2014)。**國民中小學英語教師對「補救教學實施方案」之看法與實施現況調查**
　　(未出版之碩士論文)。國立師範大學英語學系，臺北市。

吳佩珊（2006）。**高雄市國民小學教師專業成長、學校創新氣氛與學校效能關係之研
　　究**(未出版碩士論文)。國立高雄師範大學，高雄市。

吳宗立(2007)。教育品質：學校經營的挑戰。**教育研究雙月刊，160**，17-29。

吳明隆、林慶信(2004)。原漢學 童學習行為與學業成就之族群、性格 因素的比較研
　　究。**高雄師大學報，17**， 37-55。

吳明隆、涂金堂(2009)。**SPSS 與統計應用分析**。臺北：五南圖書出版有限公司。

吳欣怡(2012)。**全職實習諮商心理師完美主義、焦慮及諮商自我效能之相關研究**（未
　　出版之碩士論文）。中國文化大學，臺北市。

吳秉叡(2003)。**國民小學特殊教育教師終身學習素養與其專業態度之研究**(未出版之碩
　　士論文)。國立彰化師範大學特殊教育研究所，彰化。

吳采穎（2008）。**桃園縣國民小學組織學習與教師專業成長之研究**(未出版碩士論文)。
　　私立玄奘大學，新竹市。

吳清山（2006）。師資培育的理念與實踐。**教育研究與發展期刊，2**（1），1-32。

吳清山、張素偵（2001）。當前國民中小學校長遴選制度之檢討與改進。**臺灣教育，
　　605**，2-9。

吳清山、張素偵（2002）。**教師評鑑：理念、挑戰與策略**。載於中華民國師範教育學
　　會（主編），師資培育的政策與檢討，177-218。臺北：學富。

吳黛舒(2009)。**"新基礎教育"教師發展指導綱要**。 桂林：廣西師範大學出版社。

吳瓊汝 (1997)。**國中學生次級文化之研究**(未出版之碩士論文)。國立高雄師範大學教
　　育研究所，高雄。

吳麗馨(2010)。**幼托園所教師專業素養與教學效能之研究**(未出版之碩士論文)。中臺科技大學文教事業經營研究所，臺中。

呂文慶（2007）。**新竹縣市地區國小學生參與學校辦理課後學習現況之研究**(未出版之碩士論文)。國立新竹教育大學教育學系在職進修課程與教學碩士班學，新竹。

呂慧玲(2009)。**臺北市幼稚園教師專業素養之研究**(未出版之碩士論文)。國立臺灣師範大學社會教育學系在職進修碩士班，臺北市。

巫有鎰(1999)。影響國小學生學業成就的因果機制─以台北市和台東縣作比較。**教育研究集刊，43**，213-242。

李　平(譯)（1997）。**經營多元智慧**(原作者：Thomas Armstrong)。臺北市：遠流出版公司。

李心瑩譯(2000)。**再建多元智慧─21世紀的發展前景與實際應用**(原作者：Howard Gardner)。臺北市：遠流出版公司。

李秀貞(2015)。**高雄市國小教師知覺學校對「補救教學實施方案」行政支持與補教學校能關係之研究**(未出版碩之士論文)。國立屏東教育大學，屏東。

李坤崇(2013)。大學通識核心素養量表之編製。**教育研究月刊，235**，137-155。

李孟峰、連廷嘉(2010)。「攜手計畫─課後扶助方案」實施歷程與成效之研究。**教育實踐與研究，23**(1)，115-144。

李俊湖(2007)。教師專業成長。**研習資訊，24**(6)，97-102。

李瑛(1998)。原住民成人學習特性與教學策略之探討─以原住民成人教育工作者培訓計畫為例。**社會教育學刊，27**，129-160。

李麗君(2012)。國民中小學教師對弱勢學生低學習成就之歸因與其補救教學作法關係之研究。**量化研究學刊，4**(2)，25-46。

杜正治 (1993)。補救教學的實施。載於李吟 (主編)。**學習輔導：學習心理學的應用** (425-473)。臺北市：心理出版社。

沈姍姍(2003)。教育機會均等理念與實務發展型態之探討─英美等國經驗。**管理與教育研究學報**，1，115-129。

　　究。臺北：國立教育資料館。

周新富(2013)。**教育社會學**。台北：五南文化事業。

林火旺(1988)。評估高提也 (David Gauthier) 對道德的證成之解決。**國立臺灣大學文史哲學報**，**36**，339-347。

林玉惠(1995)。**學習策略訓練對英語科低成就學習學習效果之研究**(未出版之碩士論文)。國立高雄師範大學，高雄。

林生傳(2000)。**教育社會學**。台北：巨流。

林怡彣(2014)。台北地區補教教學方案對國中生學習成效影響之研究(未出版之碩士論文)。國立臺灣師範大學教育政策與行政研究所，臺北市。

林崇德(1999)。教育科研：教師提高自身素質的重要途徑。**中國教育學刊**，**01**，52-55。

林敏華(1999)。**國中生英語字彙記憶訓練成效之研究**,(未出版碩之士論文)。國立高雄師範大學，高雄。

林清江(1993)。**文化發展與教育革新**。臺北：五南出版社。

林意雪(2013)。閱讀：多元文化教育的議題。**性別平等教育季刊**，**63**，12-21。

邱世明(2011)。從加註專長談教師專業的幾個概念。**師友月刊**，**530**，20-24。

邱盈禎(2015)。桃竹苗國民中學教師參與補救教學實施方案態度與實施成效關係之研究(未出版之碩士論文)。國立新竹教育大學，新竹。

邱鳳裕(2011)。**國小教師專業素養組織承諾組織學習和組織效能關係之研究**(未出版之碩士論文)。國立屏東教育大學教育行政研究所，屏東。

邱瓊葉(2005)。**國小補校教師教學專業素養評鑑指標之建構及應用之研究**（未出版之碩士論文）。國立中正大學，嘉義市。

侯乃菁(2015)。**臺東縣國小原住民低成就學生補救教學實施現況之研究**(未出版碩士論文)。國立台東教育大學特殊教育學系，台東。

姜得勝(1998)。跨世紀教師角色的蛻變與新圖像的建立。**高而文教**，**63**，25-29。

姜添輝(2000)。專業的涵義與教師專業地位。載於國立台南師範學院（主編）：**學校本位的課程發展**，97-122。台南：國立台南師範學院。

洪千雅(2011)。**「攜手計畫—課後扶助」教學人員對弱勢低成就學生成因、補救教學作法及補救教學成效之研究**(未出版之碩士論文)。國立中山大學教育研究所，高雄市。

洪儷瑜(2001)。義務教育階段之弱勢學生的補救教育之調查研究。**師大學報**，**46**(1)，45-46。

洪儷瑜、陳淑麗、曾世杰、鍾敏華(2006)。原住民學生國語文補救教學方案前驅研究。
當代教育研究，14（4），63-98。

洪蘭審訂、李平(譯)著(1999)。**經營多元智慧—開展以學生為中心的教學**(原作者：
Thomas Armstrong)。臺北市：遠流出版公司。

紀惠英(2000)。**山地國小數學教室裡的民族誌研究**。國立臺灣師範大學教育心理與輔
導研究所未出版博士論文。台北。

原住民教育法(2008)。全國法規資料庫。取自
http://law.moj.gov.tw/LawClass/LawHistory.aspx?PCode=H0020037

唐淑華（2011）。眾聲喧嘩？跨界思維？論「教學」轉化的意涵及其在文史科目教學
上的應用。**教科書研究，4**(2)，87-120。

唐淑華(2013)。帶著希望的羽翼飛翔-談補救教學再十二年國教的定位與方向。**教育人
力與專業發展，30**(1)，1-12 。

孫大川(1993)。原住民文學的困境—黃昏或黎明，**山海文化，6**，97-105。

孫大川(1999 年 10 月)。原住民鄉鎮志與其文化傳承的意義。「**原住民地方志書編纂
實務研討會**」發表之論文。南投：臺灣省政府文化處。

徐燕玲（2010）。**法國對弱勢學生之補救教學與照顧之教育政策**。載於國立臺南教育
大學教育學系主辦，「第二屆提升弱勢兒童學習之課程與教學研討論談」論文
集（67-82）。臺南：國立臺南教育大學。

殷堂欽(1995)。**英國初等教育「教育優先區」規畫之研究**(未出版碩士論文)。國立台
灣師範大學教育研究所，臺北市。

翁子雯(2006)。師資培育法變革對提升優質教師素質之教育實習核心策略探討。**學校
行政雙月刊，41**，176-187。

高淑芳(2009)。原住民學生的學力落差。**原教界，28**，8-9。

高馨寧、林啟超(2016)。原住民學生學業成就之不利歸因之探討。**臺灣教育評論月刊，
2016，5**（4），50-54。

國語日報(2012.11.3)。**攜手、教育優先區計畫明年二合一**。取自
http://www.mdnkids.com/news/?Serial_NO=81111

張一蕃(1997)。**資訊時代之國民素養與教育**。《資訊科技對人文、社會的衝擊與影響》，
行政院經建會委託研究，（台北：中央研究院資訊科學研究所，1997），77-100。

張美瑤(2009)。多元文化教育改革之省思。**正修通識教育學報**，**6**，321-340。

張欽隆(2010)。**台中市國民小學體育教師專業素養與教學效能之相關研究**(未出版之碩士論文)。中臺科技大學文教事業經營研究所，臺中市。

張新仁(2001)。實施補救教學之課程與教學設計。**教育學刊**，**17**， 85-106 。

張新仁、邱上真、李素慧(2000)。國中英語科學習困難學生之補救教學成效研究。**教育學刊**，**16**，163-191。

張鈿富(1992)。教育專業問題與展望。載於中華民國師範教育學會主編，**教育專業**，349-365。台北：師大書苑。

張嘉寧(2008)。**國民中學實施「攜手計畫：課後扶助」方案成效之研究**(未出版之碩士論文)。國立嘉義大學國民教育研究所，嘉義。

教育基本法(1999)。全國法規資料庫。取自
http://law.moj.gov.tw/LawClass/LawHistory.aspx?PCode=H0020045

教育部 (2010)。**發展原住民族教育五年中程個案計畫**。臺北：教育部。

教育部(2014a)。**國民小學及國民中學補救教學實施方案**。取自
http://priori.moe.gov.tw/index.php?modat out/index/content/plan

教育部(2014b)。**教育部及學前教育署補助直轄市、縣(市)政府辦理補救教學作業要點**。取自 http://edu.law.moe.gov.tw/LawContent.aspx?id=GL000736

許郁卿(2008)。國小教師專業角色知覺的意涵與理論根基。**網路社會學通訊**，**70**。取自 http://mail.nhu.edu.tw/~society/e-j/70/70-29.htm

許雅惠(2004)。台灣媳婦越南情：一個質性研究的觀察。**社區發展季刊**，**105**，176-196。

許義雄(1988)。**社會變遷與體育發展**。台北：文景出版社。40-41。

郭少英、朱成科(2013)。論教師專業發展視野下教師課程意識的重建，**現代中小學教育**，**7**，14-19。

郭生玉(1995)。**台北市國民中小學實施補救教學相關問題之研究**。台北市政建設專機研究報告(編號：255)，未出版。

郭俊賢、陳淑惠(譯)(1998)。**多元智慧的教與學**(原作者：Campbell, L., Campell, B.,& Dickinson, D.)。臺北市：遠流出版社。

陳 香(2003)。**高雄市國民中學教師專業成長與學校效能關係之研究**(未出版碩士論文)。國立高雄師範大學，高雄市。

陳仁貴(2008)。**臺北市國民小學補救教學現況調查研究**(未出版之碩士論文)。臺北市立教育大學，臺北。

陳伯璋(1998)。師資培育多元與教師專業素養。載於**文教短評**(51-54)。臺北市：國立教育廣播電台編印。

陳杰琦(1988)。鑑別培養與發展兒童的多元智力能力。**文教新潮**，**3**(5)，6-17。

陳枝烈(1999)。部落學校設立之可能探討。**「原住民課程發展與教學策略研討會」發表之論文**（219-240）。花蓮：國立花蓮師範學院。

陳枝烈〈2002〉。文化差異在教室中師生互動的意義。載於國立屏東師範學院舉辦之**「九十一年度原住民教育學術研討會論文集」**，121-138，屏東縣。

陳枝烈等(譯)（2008）。**多元文化教育：議題與觀點**（原作者：James A. Banks, Cherry A. McGee Banks）。臺北市：心理出版社。

陳奎憙(1996)。如何促進教育機會均等。**彰化文教**，**37**，4-6。

陳律盛 、侯銀華、王建畯(2006)。中等學校體育教師專業能力現況之研究。**輔仁大學體育學刊**，**5**，31-44 。

陳珍瑤(2015)。**臺中市國民中學推動補救教學實施方案之現況與成效**(未出版之碩士論文)。國立臺中教育大學。

陳美如(2000)。從社會正義談多元文化課程的實踐。**國民教育**，**41**（2）， 62-69。

陳美如(2001)。**多元文化學校知識轉化與更新之研究-一個合作行動研究的實例**。國科會90年度研究計畫(編號：NCS90-2413-H-081B-003)，未出版。

陳淑麗(2008)。國小弱勢學生輔導現況調查之研究。**臺東大學教育學報**，**19**（1），1-32。

陳淑麗、曾世杰(2010)。補救補救教學：提升基礎學力的迷思與證據本位的努力。 **教育研究月刊**，**199**，43-52。

陳淑麗、熊同鑫(2007)。台東地區弱勢國中學生課輔現況與困境之探究。**教育資料與研究**。**76**，105-130。

陳惠萍(2009)。**提升經濟弱勢兒童學習成就之教學與實踐**。臺南市：供學。

陳雅萍(2005)。**台中縣市國小實施課後照顧服務之調查**（未出版之碩士論文）。朝陽科技大學，臺中縣。

陳憶芬(2001)。師資培育中的多元文化教育課程探究。**中等教育**，**52**(4)，89-97。

陳瓊森、汪益(譯)(1995)。**超越教化的心靈：追求理解的認知發展**(原作者：Gardner, H.)。臺北市：遠流出版社。

陳瓊森譯(1997)。**開啟多元智慧新世紀**（H. Gardner 原著， Multiple Intelligences: The theory in practice）。台北，信誼。

陳逸君(2004)。多元文化教育觀點下的原住民族教育：南投縣某國中學校布農族籍學生教育民族誌之初步分析。**研究與動態，11**，84-105。

湯仁燕(2000)。多元文化的課程轉化與教學實踐。**教育研究集刊，44**，90-115。

黃玉青(2015)。**高雄市國小補救教學實施之個案研究**(未出版碩士論文)。國立高雄師範大學教育學系。

黃秀霜、陳麗珠(2008)。縣市教育行政人員對「攜手計畫 課後扶助」計畫實施成效分析。載於中正大學主辦：**《重新省思教育不均等弱勢者的教育》國際學術研討會**，嘉義縣。

黃松浪(2007)。家庭背景、教育成就與文化複製理論之探討—以台灣之技職教育體系為例。**嘉南學報，33**，412-428。

黃政傑(1995)。**多元社會課程取向**。臺北市：師大書苑。

黃昭誌(2005)。**社區大學成人教師專業素養指邊建構之研究**(未發表之碩士論文)。國立中正大學成人及繼續教育所，嘉義。

楊　瑩(1994)。**教育機會均等—教育社會學的探究**。台北：師大書苑。

楊振昇(1998)。教育機會均等的理念與省思。**教育資料與研究，21**，29-30。

溫明麗(2008)。**教育 101—教育理論與實踐**。臺北：高等教育出版社。

葉　瀾(2006)。轉換思維才能打開新局面。**教育素質大參考，08**(B)，12-13。

廖佩莉(2014)。論香港高中課程中國語文科的特點及對教師專業素的要求。**華文學刊，24**，14-24。

廖修輝(2010)。**國民小學教學輔導教師專業素養指標之建構**(未發表之碩士論文)。國立暨南國際大學教育政策與行政學系，南投。

廖翊恬(2013)。**國小補校教師專業素養與教學支持需求之研究**(未出版之碩士論文)。國立臺灣師範大學社會教育學系，臺北市。

翟本瑞(2002)。家庭文化資本對學校教育影響之研究：以農業縣山區國小為例。**教育與社會研究，52**(4)，1-34。

翟本瑞、郭家華(2012)。臺灣國小補習教育的階級複製現象。**止善，12**，3-28。

劉　創(2004)。教育智慧：教師專業素養的核心構成。**湖南師範大學教育科學學報，3(3)**，15-17。

劉育儒(2015)。臺中市國小非現職教師補救教學方案參與態度與執行成效關係之研究(未出版之碩士論文)。國立國際暨南大學，南投縣。

歐陽明(2015年4月1日)。隱在冰山下的教師專業素養。**中國教育新聞網-中國教育報**。取自 http://www.jyb.cn/Theory/jyfz/201504/t20150401_617637.html。

蔡文山(2004)。從教育機會均等的觀點省思台灣原住民學生的教育現況與展望。**教育與社會研究，6**，109-144。

蔡金田(2012)。從社會正義領導理論探究「攜手計畫-課後扶助」政策之實施。**教育行政論壇，2012(12)**，35-66。

蔡政忠(2014)。原住民區教師專業成長需求之探討。「**2014大陸教育學術研討會：海峽兩岸教師教育高端論壇**」發表之論文，國立臺中教育大學。

蔡政忠(2015)。12年國教學業成就與教育分流關係之探討 。**學校行政雙月刊，99**，226-248。

蔡清田(2011)。課程改革中的「素養」。**幼兒教保研究期刊，7**，1-14。

蔡清田、陳延興(2013)。國民核心素養之課程轉化。**課程與教學季刊，16(3)**，59-78。

蔡慧美(2015)。**臺中市國民中學補救教學實施方案現況之研究**(未出版之碩士論文)。南華大學，嘉義縣。

鄧水平(2001)。**試論語文教師的教育素養**(未出版之碩士論文)。湖南師範大學碩士論文。

鄭勝耀(2011)。弱勢教育公平指標之研究。**教育政策論壇，14（4）**，63-88。

鄭勝耀(2013)。弱勢學生與補救教學之研究。**教育人力與專業發展，30(1)**，13-26。

鄭進斛(2014)。補救教學模式實施成效之分析—以碩博士論文為例。「**2014提升中小學補救教學成效之理論與實務研討論壇**」發表之論文，臺北市教育部。

鄭筱燕、潘欣蓉(2014)。實施補救教學之困境與策略。**臺灣教育評論月刊，3(6)**，37-39。

盧文倩(2012)。**師範院校女大學生教師素養現況研究**(未出版之碩士論文)。西北師範大學。

賴　寒(2014)。**重慶市民辦中小學教師專業素養存在的問題與對策**(未出版之碩士論文)。重慶師範大學。

錢富美(2002)。影響國小教師參與學校本位課程發展之相關因素研究。**社會科教育研究，7**，61-103。

龍維娟(2012)。**中學探究教學的教師專業素養研究**(未出版之碩士論文)。廣西師範大學。

謝文全(1998)。**教育行政─理論與實務**。台北：文景。

謝臥龍(1997)。優良國中教師特質德懷術分析。**教育研究資訊，5**(3)，14-28。

謝青樺(2014)。**我國國中英語教師對「國民中小學補救教學實施方案」認同度與教學困境之研究**(未出版之碩士論文)。國立嘉義大學教育行政與政策發展研究所。

謝素月、莊文玲、鄧傳慧、溫慧中(2009)。**菅芒花也有春天～以適性補救教學方案提升兒童學業成就之行動研究**。取自

http://www.mdps.tp.edu.tw/web/mdps/action/09/p001.pdf(G)

邁可‧桑德爾(Michael J. Sandel)(2011)。**《正義：一場思辨之旅》**。臺北：雅言文化。

鍾任琴(1994)。教師專業之探討。**教師之友，35**，29-35。

鍾佩娟、歐嬌慧、葉川榮(2008)。原住民地區教師的教育實踐：以雲海國小為例。**中等教育 59**(1)，8-21。

簡良平(2010)。偏遠地區小學教師對弱勢社區環境之覺知及其教學回應。**教育實踐與研究，23**(2)，37-64。

簡茂發、彭森明、李虎雄(1998)。**中小學教師基本素質之分析與評量**。教育部八十六年度專案研究計畫報告，國立臺灣師範大學。

顏國樑(2003)。從教師專業發展導向論實施教師評鑑的策略。**教育資料集刊，28**，259-286。

顏國樑、黃建順、范明鳳(2011)。國民中小學「攜手計畫課後扶助方案」執行現況之研究。**臺灣教育發展論壇Ⅳ，2011/06**，1-24。

羅寶鳳(2015)。補救教學問題何在?**師友月刊，2015**(10)，1-5。

譚以敬、吳清山（2009）。台北市弱勢學生教育政策的現況及其未來因應措施之研究。**教育行政與評鑑月刊，8**，77-97。

譚光鼎(1998)。**原住民教育研究**。台北：五南圖書出版。

譚光鼎、劉美慧、游美惠編著(2012)。**多元文化教育**。臺北：高等教育出版社。

譚光鼎、鄭文鵬(2007)。特殊教育與多元文化教育。**中等教育，54**(4)，8-31。

饒見維(2003)。**教師專業發展：理論與實務**。臺北市：五南。

顧肅、劉雪梅(譯)(2010)。**羅爾斯與正義論** John Rawls: His Life and Theory of Justice (原作者：Thomas Pogge)。臺北市：五南圖書。

龔元鳳(2015)。論我國多元文化為國家定位的爭議：從多元文化教育與教育正義的觀點。**國立臺南大學教育經營與管理研究所集刊，11**，89-110。

二、英文部分

Alexander, K. L., & Entwisle, D. R. (1996). *Schools and children at risk. Family-school links: How do they affect educational outcomes?* Mahwah, NJ: Lawrence Erlbaum Associates,67-88.

Armstrong, T.(1995).*Learning differences-not disabilities.* Palatine, Illinois: IRI/Skylight Publishing.

Arthur, J., & Wilson, K. (2010). *New research directions in character and values*

Bagozzi, R. P. and Yi, Y. (1988). On the evaluation of structural equation models. *Journal of the Academy of Marketing Science*, 16(1): 74–94.

Banks,J.A. (1988). *Multiethnic education: Theory and practice (2nd ed.).* Boston: Allyn and Bacon.

Bennett, C.I. (2003). *Comprehensive multicultural education: Theory and practice.* Boston: Pearson Education, Inc.

Bishop, R. & Glynn, T. (1999). *Culture counts: Changing power relations in education.* Palmerston North: Dunmore Press.

Chall, J. S., Jacobs, V. A., & Baldwin, L. E. (1990). *The reading crisis: Why poor children fall behind.* Cambridge, MA: Harvard University Press.
Change: A study of professional development in adult education (NCSALL Rep. No.25). Boston: National Center for the Study of Adult Learning and Literacy.

Coleman, J. S. (1968). The concept of equality of educational opportunity. *Harvard Educational Review, 38(1)*, 1-22.

Dale, R. (2010). What Research Tell Us: Teacher Quality and Teacher Preparation. Retrieved from http://files.eric.ed.gov/fulltext/ED536511.pdf

Darling,H. (2000). Teacher Quality and Student Achievement: A Review of State Policy Evidence. *Education Policy Analysis Archves. 8*(1). ISSN 1068-2341.

Deakin C., R, (2008).Key Competencies for Education in a European Context: narratives of accountability or care, *European Educational Research Journal ,3* , 64-88.

Deena K. & Elizabeth B.(2015). Enacting a Social Justice Leadweship Framework :

Delpit, L. (1992). "Education in a multicultural society: Our future's greatest challenge". *The Journal of Negro Education. 61 (3)*,237–249.

Díaz-Larenas, C. H., Rodríguez-Moran, A. V., & Poblete-Rivera, K. J. (2011). Comparing Teaching Styles and personality Types of EFL Instructors in the Public and Private Sectors. Profile, 13(1), 111-127.

Donnelly, M. (1987). At-risk students. *ERIC Digest, 21.*(ERIC Document Reproduction Service, No, ED292172)

Foorman. B. R.. & Torgesen, J. K. (2001).Critical elements of classroom and smallgroup instruction promote reading success in all children. *Learning Disabilities Research and Practice. 16*(4), 202-211.

Gardner, H.(1993).*multiple intelligence: The theory in practice*. New York: Basic Books.

Gardner, H.(1999).*Intelligence reframed: multiple intelligence for the 21th century.* New York: Basic Books.

Gaskin, I. W., Ehri, L. C., Cress, C., O'Hara, C., & Donnelly, K. (1997). Procedures for word learning: Making discoveries about words. *The Reading Teacher, 50*(4), 312-327.

Gay,G.(2000).*Culturallyresponsiveteaching:Theory,research, and practice.* New York: Teachers College Press.

Georges, M. (2003). Professional development in adult basic education. *New Directions for Adult and Continuing Education, 98*, 67-74.

Giroux, H. (2003). *The abandoned generation*. New York: Palgrave McMillan.

Goals 2000: *Educate America Act* . Retieved from http://www.tecweb.org/eddevel/telecon/ de99.html.

Gollnick, D. M.（1980）. Multicultural education. *Viewpoints in Teaching and Learning, 56,* 1-17。

Gorard, S. & See, B.H. (2009). The early impact of SES on participation and attainment in science. *Studies in Science Education 45(1)*: 93-129.

Gore, M., P. Bradbury, R. Hogers, M. Kirst, E. Verstege, J. van Oeveren,J. Peleman, E. Buckler, and M. van Eijk.(2007). Evaluation of target preparation methods for single-feature polymorphism detection in large complex plant genomes. *Crop Sci. 47*,135–148.

Gorsuch, R. L.(1983). *Factor analysis. Hillsdale*, NJ: Lawrence Erlbaum.

Grolnick, W. S., Farkas, M. S., Sohmer, R., Michaels, J., & Valsiner, J. (2007). Facilitating motivation in young adolescents: Effects of an after-school program. *Journal of Applied Developmental Psychology, 28*,332-344.

Hattie, J. A. C. (2009). *Visible learning: A synthesis of over 800 meta-analyses relating to achievement.* London,UK: Routledge.

Hoyle, E. (1969). *The role of the teacher*. London, England：Routledge/ Kegan Paul. intervention research: Findings from research syntheses. *Exceptional Children,*

Kane, T. J. (2004). *The impact of after-school programs: Interpreting the results of four recent evaluations.* NewYork: W. T. Grant Foundation.

Karl L. A., Doris R. E., Linda S. O. (2001). Schools, Achievement, and Inequality: A Seasonal perspective. *Educational Evaluation and Policy Analysis, 23*(2), , 171-191.

Ladson-Billings, Gloria (1994). *The dream keepers: Successful teachers of African American children.* San Francisco: Jossey-Bass.

Lemoine, F.G., Smith, D.E., Rowlands, D.D., Zuber, M.T.(2001) An improved solution of the gravity field of Mars from Mars Global Surveyor. *Journal of Geophysical Research, v. 106, no. E10,*   23,359–23,376.

Lyman(1990). Literacy and the Information Society. *The Bookmark,48*（3）,170-175.

Martin, K. (2005). *Childhood, lifehood and relatedness: aboriginal ways of being, knowing and doing.* In J. Phillips and J. Lampert (Eds). Introductory Indigenous studies in education: the importance of knowing. Frenchs Forest: Pearson Education.

Mayer, R. E. (2001). *multimedia Learning.* New York, Cambridge University Press.

McBride, S. R., & McKee, W. (2001). *Over-representation of aboriginal students reported with behaviour disorders: A report to the Minstry of Education British Columbia*

Retrieved from Ministry of Education website: http://www.bced.gov.bc.ca/abed/abed_over.pdf.

Nieto, S. & Bode, P.(2008). *Affirming diversity:the sociopolitical context of multicultural education(5th ed.).* Boston：Allyn & Bacon.

Nieto, S. (1999). *Critical multicultural education and students'perspectives. In May,S.(ed.). Critical multiculturalism : rethinking multicultural and antiracist education.* London : Falmer Press.

Noam, G. G., Biancarosa, G., & Dechausay, N. (2003). *After school education: Approaches to an emerging field.* MA : Harvard Education Press.

Noam, G.G., Miller, B.M., & Barry, S. (2004). Youth development and afterschool time: Policy and programming in large cities. In G. G. Noam, & B. M. Miller (Eds.) *New directions for youth development: Theory, practice, research. Youth development and after-school time: A tale of many cities.* San Francisco, CA:Jossey-Bass Publishers.

Ogbu, J. (1983).Minority Status and Schooling in Plural Societies, *Comparative Education Review,27* (2), 168-190.

Otto, W., McMenemy, R. A., & Smith, R. J. (1973). *Corrective and remedial teaching.*(2nd ed.). Boston: Houghton Mifflin Company.

Ozar, D. T., Sokol, D. J. (2002). *Dental Ethics at Chairside: Professional Principles and Practical Applications,* 2nd edition. Washington, D.C.: Georgetown University Press.

Pajares, F.(1992). Teachers' beliefs and educational research: Cleaning up a messy construct. *Review of Educational Research, 62,* 307-332.

Piha, S., & Miller, B. M. (2003). *Getting the most from after school: The role of after-school programs in a high-stakes learning environment.* Wellesley, MA: National Institute on Out-of-School Time.

Rathvon, N. (2008). *Effective School Interventions: Evidence-Based Strategies for Improving Student Outcomes* (2nd ed.). New York, NY: The Guilford Press.

Rawls, J.(1971). *A Theory of Justice.* Cambridge, Mass: The Belknap Press of Harvard

Rawls, J.(1993). *Political Liberalism.* Columbia University Press.
research handbook on values education and student wellbeing ,339-358.

Rothstein, R. (2008). Whose problem is poverty? *Educational Leadership, 65*(7), 8-13.

Rowe, K.J. (2003, January). *The myth of school effectiveness – especially for boys.* Paper presented at the 16th International Congress for School Effectiveness and Improvement, Sydney Convention Centre, January 5–8, 2003.

Sakiz, G., Pape, S., & Woolfolk Hoy, A. (2011). Does perceived teacher affective support matter for middle school students in mathematics classrooms? *Journal of School Psychology*. doi:10.1016/j.jsp.2011.10.005.

Schecdecher, D. & Freeman, W. (1998). *Bringing out the best in students.* Thousand Oaks, CA: Corwin Press.Science. *Studies in Science Education, 45,* 1, 93-129.

Scriven, M. (1994). Using Student Ratings in Teacher Evaluation, Evaluation perspectives *Newsletter of The Center for Research on Educational Accountability and Teacher Evaluation, 4*(1), 1-4.

Shields, C. M., & Oberg, S. L. (2000). *Year-round schooling: Promises and pitfalls.* Dunham, MD: Scarecrow/Technomics.

Smith, C., Hofer, J., Gillespie, M., Solomon, M., & Rowe, K. (2003). *How teachers Change: A study of professional development in adult education* (NCSALL Rep. No.25). Boston: National Center for the Study of Adult Learning and Literacy. Retrieved from http://lincs.ed.gov/lincs/discussions/professionaldevelopment/ teach_6-04.html#1

Stanovich, K. E. (1986). Matthew effects in reading: Some consequences of individual differences in the acquisition of literacy. *Reading Research Quarterly, 22,* 360-407.

Stein, B. J., McHenry, G. Lunde, J., Rysst, J., & Harstad E. (2001). *Which key characteristics of graduates will a technology company look for?,* Paper presented at international Conference on Engineering Education, Oslo, Norway, August.

Stuart.C. & Thurlow.D.(2000). Making it their own: Preservice teachers' experiences, beliefs and classroom practice. *Journal of Teacher Education, 51* (2), 113–121. The 3 C's of Urban Teacher Quality. *Journal of Urban Learning Teaching and Research, 2015 Vol.11,* 77-90.

Vaughn, S., Gersten, R., & Chard, D. J. (2000). The underlying message in LD

Weissbourd, R. (2009). *The parents we mean to be: How well-intentioned adults undermine children's moral and emotional development.* Boston: Houghton Mifflin Harcourt.

Wilensky, H. L.(1964). "The Professionalization of Everyone?," *American Journal of Sociology, Vol. LXX (2)*, 137- 158.

Wrzesniewski, A., McCauley, C. R., Rozin, P., & Schwartz, B. (1997). Jobs, careers, and callings: People's relations to their work. *Journal of Research in Personality,31*, 21-33.

.

附 錄

附錄一 103 學年度全國原住民重點國民中學教師人數統計表

縣市別	學校	全校學生數	原住民生人數	原住民生比率	教師人數
新北市	市立烏來國中小	178	159	89.33%	29
宜蘭縣	縣立大同國中	69	68	98.55%	8
	縣立南澳中學(國中部)	233	207	88.84%	26
桃園縣	縣立介壽國中	203	182	89.66%	19
新竹縣	縣立竹東國中	1,416	205	14.48%	117
	縣立員東國中	214	97	45.33%	22
	縣立五峰國中	85	85	100.00%	11
	縣立尖石國中	230	224	97.39%	22
	縣立自強國中	1,412	127	8.99%	115
苗栗縣	縣立南庄國中	231	94	40.69%	19
	縣立泰安國中小	26	23	88.46%	7
台中市	市立和平國中	70	42	60.00%	14
	市立梨山國中小	60	29	48.33%	14
南投縣	縣立北梅國中	83	34	40.96%	12
	縣立民和國中	131	108	82.44%	12
	縣立信義國中	122	74	60.66%	15
	縣立同富國中	192	112	58.33%	17
	縣立仁愛國中	126	110	87.30%	16
嘉義縣	縣立阿里山國中小	75	48	64.00%	9
高雄市	市立那瑪夏國中	99	96	96.97%	16
	市立茂林國中	60	58	96.67%	9
	市立桃源國中	57	57	100.00%	17

屏東縣	縣立來義高中附中	275	270	98.18%	24
	縣立滿州國中	166	72	43.37%	16
	縣立瑪家國中	267	257	96.25%	21
	縣立泰武國中	131	131	100.00%	14
	縣立牡丹國中	75	72	96.00%	8
	縣立獅子國中	75	73	97.33%	7
台東縣	縣立蘭嶼高中附中	114	113	99.12%	13
	縣立寶桑國中	520	183	35.19%	31
	縣立卑南國中	356	160	44.94%	24
	縣立豐田國中	233	132	56.65%	20
	縣立初鹿國中	120	55	45.83%	14
	縣立鹿野國中	169	105	62.13%	16
	縣立瑞源國中	44	28	63.64%	8
	縣立關山國中	487	193	39.63%	37
	縣立大王國中	221	171	77.38%	20
	縣立賓茂國中	102	92	90.20%	10
	縣立大武國中	229	178	77.73%	20
	縣立都蘭國中	110	63	57.27%	13
	縣立泰源國中	132	94	71.21%	9
	縣立新港國中	357	171	47.90%	30
	縣立長濱國中	144	77	53.47%	13
	縣立桃源國中	63	62	98.41%	8
	縣立海端國中	66	65	98.48%	7
花蓮縣	縣立玉東國中	106	90	84.91%	15
	縣立三民國中	118	95	80.51%	13
	縣立秀林國中	317	287	90.54%	32
	縣立新城國中	465	324	69.68%	39
	縣立吉安國中	395	219	55.44%	35

縣立壽豐國中	281	99	35.23%	24
縣立平和國中	155	102	65.81%	17
縣立光復國中	313	204	65.18%	36
縣立富源國中	93	64	68.82%	12
縣立鳳林國中	296	124	41.89%	29
縣立萬榮國中	81	70	86.42%	13
縣立富北國中	66	27	40.91%	15
縣立豐濱國中	76	64	84.21%	16
縣立瑞穗國中	333	186	55.86%	29
縣立化仁國中	428	232	54.21%	41
縣立美崙國中	725	241	33.24%	66
總計 12 縣市 61 所學校	14,076	7,484	53.17%	1,361

附錄二 教師專業素養、補救教學理念與補救教學成效(預試問卷)

蔡金田、蔡政忠編製

親愛的教育先進：您好！

　　本問卷主要在瞭解教育部實施國民中小學補救教學方案後，原住民重點國民中學教師專業素養與補救教學成效之關係，以作為教育相關單位未來施政與研究時之參考。本問卷沒有特定答案，請根據學校實際的情況與個人實際感受填答。研究內容僅作整體分析，不作個別探討，也不會對外公開，敬請安心作答。

　　感謝您撥空填答，在此僅對您的協助與支持，致上最誠摯的謝意。

　　敬祝　教安

國立暨南國際大學教育行政學系（所）

第一部分：基本資料

說明：請依您的個人基本資料在正確的□內打「ｖ」。

1、原住民籍教師：□（1）是　□（2）否

2、性　別：□（1）男　□（2）女

3、服務年資：□（1）3年以內　□（2）4--10年　□（3）11--20年
　　□（4）20年以上

4、最高學歷：□（1）博士　□（2）碩士（含四十學分班）　□（3）大學
　　□（4）專科　□（5）其他

5、擔任職務：□（1）主任　□（2）組長　□（3）導師　□（4）專任教師

6、是否完成補救教學八小時訓練課程：□（1）是　□（2）否

7、修習多元文化學分或參加多元文化18小時研習課程：□（1）是　□（2）否

8、學校所在地：□（1）原住民區　□（2）非原住民區

9、學校規模：□（1）6班以下(含6班)　□（2）7-12班　□（3）13班以上

第二部分：教師專業素養量表

教師專業素養乃指教師從事教學專業工作時，為了達成教育目標符合社會對教師角色期望，其所展現出來之教育專業知識、專業能力、專業態度、人格特質與多元文化素養等。本研究之教師專業素養乃指教師專業素養量表上「專業知識」、「專業能力」、「專業態度」「人格特質」與「多元文化素養」等五個分量表及總量表上得分之高低。

　　請您在看完每個題目描述後，依照您個人的觀點在適當的□內打「∨」，以代表您個人對該題的認同程度，以及教學現場的實際行動概況，感謝您！

(一)教育專業知識：

包含專門學科知識、教育方法知識、課程與教材知識、青少年學習發展知識與多元文化知識等。

	非常不認同	不認同	普通	認同	非常認同
1.我精通任教學科內容並隨時更新、補充學科知識	□	□	□	□	□
2.我對一般的教學知識能精準掌握	□	□	□	□	□
3.我有能力編輯課程並自行補充學科教材	□	□	□	□	□
4.我會閱讀與教學相關文章、報導	□	□	□	□	□
5.我會因應不同學生需求使用各種教學方法與策略	□	□	□	□	□
6.我教學時能有效連結學生新舊相關知識，並結合學生生活經驗	□	□	□	□	□
7.我了解國中階段學生的各種身心問題與發展狀況	□	□	□	□	□
8.我會關心最近社會上有關教育議題、活動	□	□	□	□	□
9.我在教學前會先備課了解所要教授的基本內容與補充教材	□	□	□	□	□
10..我熟悉各項教育理論與教育方法	□	□	□	□	□
11.我對我自己的教學有強烈的信心	□	□	□	□	□
12.我具有多元文化之教育理念	□	□	□	□	□

(二)教育專業能力：包含

1.教學能力：教學計畫與準備、實施教學、教學評量、文化回應教學等能力。

2.行政能力：參與校務、提供興革意見、班級經營與輔導能力等。

3.互動能力：語文表達、溝通互動、學生輔導等能力

4.研究能力：研究進修、專業成長等能力

	非常不認同	不認同	普通	認同	非常認同
13.我會設定適合學生的教學目標與方案	☐	☐	☐	☐	☐
14.我會依照教學目標、學生的需求調整教學進度	☐	☐	☐	☐	☐
15.我熟練各種教學媒體和教具使用	☐	☐	☐	☐	☐
16.我會依學習主題設計學習單或補充教材以補課本之不足	☐	☐	☐	☐	☐
17.我會依學生個別差異設計不同的評量方式與標準	☐	☐	☐	☐	☐
18.我會分析各教學單元學生所應學會的基本能力	☐	☐	☐	☐	☐
19.在教學過程中我會評量學生並作為修正教學之依據	☐	☐	☐	☐	☐
20.我願意擔任公開課並與其他老師討論精進教學技巧	☐	☐	☐	☐	☐
21.我在課堂上會善用發問技巧引發學生討論	☐	☐	☐	☐	☐
22.對於學校行政職務的安排，我會盡力配合	☐	☐	☐	☐	☐
23.我會提供意見供學校做校務發展與改進之依據	☐	☐	☐	☐	☐
24.我會訂立明確的班規妥善處理班級問題	☐	☐	☐	☐	☐
25.我會依照自己的專長和風格建立自己班級特色	☐	☐	☐	☐	☐
26.我能清楚表達自己意見並和家長、學生溝通良好	☐	☐	☐	☐	☐
27.我會隨時提供學校相關訊息供家長知道	☐	☐	☐	☐	☐
28.我願意花時間傾聽學生問題並給予適當的建議	☐	☐	☐	☐	☐
29.我會運用閒暇時間自我閱讀找尋資料與方法解決教學問題	☐	☐	☐	☐	☐
30.即使沒有獎勵措施，我也常保持學習的心，不斷地進修成長	☐	☐	☐	☐	☐

(三)教育專業態度：

指補救教學教師對教育的信念、教師形象角色、教育專業倫理、公平正義的理念等。

	非常不認同	不認同	普通	認同	非常認同
31.我會積極維護學生的學習權	□	□	□	□	□
32.只要有助於學生的成長，我不計較的付出心力	□	□	□	□	□
33.教育對大多數的學生產生良好的效果	□	□	□	□	□
34.我認為沒有不可教化的學生只要用心	□	□	□	□	□
35.我會要求自己的言行舉止符合教師的規範和期望	□	□	□	□	□
36.從事教育是一件相當充實而有意義的工作	□	□	□	□	□
37.教師是專業人員應受到社會大眾的尊敬	□	□	□	□	□
38.我認為教育是造成階級流動的主要因素	□	□	□	□	□
39.教師對學生的期望會影響學生學習成就	□	□	□	□	□
40.教師應堅持教育理想，不必在意他人的評價	□	□	□	□	□
41.我會經常反省自己的專業決定	□	□	□	□	□

(四)人格特質：

指擔任教師的人格特質包括溫暖、友善、幽默風趣、具創造力、與眾不同等。

	非常不認同	不認同	普通	認同	非常認同
42.我熱愛我的學生	□	□	□	□	□
43.我是個情緒穩定個性開朗之教師	□	□	□	□	□
44.我是個具有創造力的老師	□	□	□	□	□
45.我是個幽默風趣的人	□	□	□	□	□
46.我是樂觀進取自我成長之教師	□	□	□	□	□

47.我待人誠懇有親和力--□ □ □ □ □

48.我.關懷社會樂於助人--□ □ □ □ □

49.我是個宅心仁厚富正義感之教師-------------------------------□ □ □ □ □

50.我做事積極有條有理--□ □ □ □ □

51.我是個與眾不同的教師---□ □ □ □ □

(五)多元文化素養

　　教師元文化素養為教師對多元文化的覺知，內化為對多元文化的省思批判，進而形塑多元文化行動以達公平正義的教育與多元族群關係和諧的世界。

	非常不認同	不認同	普通	認同	非常認同

52.即使族群文化不同我也會尊重、包容其他族群文化----------------□ □ □ □ □

53..我認為每個族群的文化都具有相同價值------------------------------□ □ □ □ □

54.我會嘗試了解我所任教的學生族群語言、文化、風俗習慣等---□ □ □ □ □

55.對於班上的弱勢族群學生我會特別給予關懷協助------------------□ □ □ □ □

56..我認為教師有能力扭轉課本中對族群的歧視與偏見--------------□ □ □ □ □

57.我在與學生互動溝通時我會使用學生慣用的方式、語言、文化等

--□ □ □ □ □

58..我在課程設計時會將學生的文化融入其中------------------------------□ □ □ □ □

59.我在評量學生時會考慮學生的文化背景因素-------------------------□ □ □ □ □

60 我在佈置學習環境時會考慮到學生族群文化特色--------------------□ □ □ □ □

61.在教學前我會省思我對其他族群的刻板印象與意識形態----------□ □ □ □ □

62..我會帶領學生讓他們體驗不同的族群文化-------------------------------□ □ □ □ □

63.我贊成學生挑戰社會的不公不義現象從事社會民主運動----------□ □ □ □ □

第三部分：補救教學理念量表

指補救教學教師在既有的知識理念架構下對學校實施補救教學現況的知覺感受，包含對「學校情境」、「行政支援」、「課程與教學」等面向之感受程度。

　　請您在看完每個問句描述後，依照您個人的觀點或學校現場狀況，在適當的□內打「∨」，以代表您個人對該題的認同程度，以及教學現場的實際行動概況，感謝您！

(一)學校情境：

　　指學校在實施補救教學上所具備的理念、條件，包含學校的文化、教師的理念、補救教學的知能等。

	非常不認同	不認同	普通	認同	非常認同
1. 我覺得原住民重點國民中學需要實施補救教學	□	□	□	□	□
2. 我覺得我們學校能有效宣導及規劃補救教學方案	□	□	□	□	□
3. 我們學校能將補救教學精神落實於教學及相關行政業務中	□	□	□	□	□
4. 我認為補救教學是教師應盡的義務	□	□	□	□	□
5. 我了解補救教學的精神與重要性	□	□	□	□	□
6. 我願意擔任補救教學教師	□	□	□	□	□
7. 我能夠勝任補教教學工作	□	□	□	□	□
8. 我能掌握授課單元核心概念，清楚教導概念及技能	□	□	□	□	□
9. 我會在課前了解受輔學生學習低成就的背景與成因	□	□	□	□	□
10.我在教學準備充分，設計活動作業及備妥教材教具	□	□	□	□	□

(二)行政支援

　　指學校在實施補救教學政策所做資源投入，包含行政組織規劃、引進其他教育資源、學生編班分組、補救教學師資訓練等。

	非常不認同	不認同	普通	認同	非常認同
11. 我們學校能提供補救教學教師各項支援與協助	☐	☐	☐	☐	☐
12. 我們學校補救教學所安排的時間符合教師需求	☐	☐	☐	☐	☐
13. 學校有足夠的空間與環境辦理補救教學活動	☐	☐	☐	☐	☐
14. 學校能引進社會資源辦理弱勢學生學習扶助	☐	☐	☐	☐	☐
15. 學校有成立補救教學規劃小組定時討論補救教學相關問題	☐	☐	☐	☐	☐
16. 學校能給予補救教學任課教師敘獎及鼓勵	☐	☐	☐	☐	☐
17. 學校能依據學生的起始能力進行適性的編班	☐	☐	☐	☐	☐
18. 學校補救教學編班的學生數在 6-12 人	☐	☐	☐	☐	☐
19. 學校會辦理相關研習提升教師補救教學知能	☐	☐	☐	☐	☐
20. 學校會提供教師相關補救教學資源與策略	☐	☐	☐	☐	☐

(三)課程與教學：

　　指學校在進行補救教學時所規劃知課程與教學實施情形，包含落實適性教學、規劃彈性課程、多元評量機制、學習輔導策略、溝通互動的技巧等。

	非常不認同	不認同	普通	認同	非常認同
21. 我在進行補救教學前會對受輔學生施予學習問題診斷	☐	☐	☐	☐	☐
22. 我能針對補救教學學生之個別差異，運用不同的教學策略	☐	☐	☐	☐	☐
23. 我會依據評量結果，調整教學策略與指導	☐	☐	☐	☐	☐
24. 我會考量學習內容及學生能力，決定教學目標	☐	☐	☐	☐	☐
25. 我會視學生個別學習情形，予以因材施教	☐	☐	☐	☐	☐
26. 我能與受輔學生之任課老師討論有關學生之學習狀況與表現	☐	☐	☐	☐	☐
27. 我上課會用各種發問技巧了解學生學習情形	☐	☐	☐	☐	☐

	非常不認同	不認同	普通	認同	非常認同
28. 我會以多元的評量方式檢視學生的學習成就	☐	☐	☐	☐	☐
29. 我會善用增強原則以維持學生良好行為	☐	☐	☐	☐	☐
30. 我會因學習需要妥善布置教學情境	☐	☐	☐	☐	☐
31. 我會記錄學生的學習情形，依照成效隨時修正調整教學計畫	☐	☐	☐	☐	☐
32. 我能專注傾聽學生的表達	☐	☐	☐	☐	☐
33. 我能建立溫暖、和諧的班級氣氛	☐	☐	☐	☐	☐
34. 我能接納學生的不同意見	☐	☐	☐	☐	☐
35. 我會確實掌握學生出缺席狀況	☐	☐	☐	☐	☐

第四部份：補救教學成效量表

指補救教學實施後之辦理成效，包含補救教學教師的滿意度、學生學習狀況的改變以及補救教學實行時所遭遇到的困難等。

	非常不認同	不認同	普通	認同	非常認同
36. 對於目前補救教學的實施情形我感到滿意	☐	☐	☐	☐	☐
37. 對於補救教學教師間的互動我感到滿意	☐	☐	☐	☐	☐
38. 對於補救教學後學生的學習成效我感到滿意	☐	☐	☐	☐	☐
39. 參加補救教學後能強化受輔學生的正向學習態度	☐	☐	☐	☐	☐
40. 參加補救教學之後學生能改善生活常規	☐	☐	☐	☐	☐
41. 我認為補救教學教師鐘點費太少	☐	☐	☐	☐	☐
42. 我認為補救教學要做行政工作太過繁瑣影響教學意願	☐	☐	☐	☐	☐
43. 我認為補救教學師資的研習訓練還是不足	☐	☐	☐	☐	☐

44. 我認為補救教學學生間落差程度太大------------------------------------- ☐ ☐ ☐ ☐ ☐

45. 我認為補救教學之課程彈性太小--- ☐ ☐ ☐ ☐ ☐

46. 目前補救教學之教材缺乏--- ☐ ☐ ☐ ☐ ☐

47. 參加補救教學之學生家長配合度不佳---------------------------------- ☐ ☐ ☐ ☐ ☐

第五部份：開放性問卷

　　為廣泛蒐集您對教師專業素養及補救教學之意見，請您依照個人見解回答以下兩個問題，感謝您的配合。

1. 原住民重點國民中學教師業素養(1)專業知識、(2)專業能力、(3)專業態度、(4) 人格特質、(5) 多元文化素養，其重要性的排序為何?(如 5,3,4,1,2，等請依個人認為的重要性排序)除了這些以外還有哪些您認為是重要的素養?

_____

_____

_____

_____

2. 我認為目前補救教學所遭遇的困難除上述問卷描述外還有哪些?

_____

_____

_____

_____

※問卷到此全部結束，非常感謝您耐心的填完問卷※

附錄三　原住民重點國民中學補救教學實施現況調查(學生問卷)

蔡金田、蔡政忠編製

親愛的同學：你好！

　　看到你的努力學習，真是不錯，值得大家為你鼓勵與加油，本問卷很想知道你參加補救教學學習狀況及參加的一些想法和感受，希望進而提供學校日後修正、調整的參考依據。問卷每一題都要作答，每一題只能勾選一個答案，請在適當的位置打「∨」，你的寶貴意見僅做為補救教學實施之參考，我們會對你的意見保密，最後祝福各位同學「百尺竿頭，更進一步」。

國立暨南大學教育行政學系

第一部分：基本資料

說明：請依您的個人基本資料在正確的□內打˘。

1、原住民身分：□（1）是　族別：_____　　　□（2）否

2、性　別：□（1）男　□（2）女

3、年　級：□（1）國一　□（2）國二　□（3）國三

第二部分：補救教學現況調查

說明：請想想自己的情形是哪一種，然後在□中打˘，本量表為五點量表，從 1 分到 5 分，分數越多代表發生頻率越高，你越贊同問句陳述內容。

	從不如此 1	很少如此 2	偶而如此 3	經常如此 4	總是如此 5
1.我可以和其他參加補救教學計畫的同學相處融洽且愉快----------	□	□	□	□	□
2.父母親對於我參加補救教學計畫課後輔導的學習情況十分關心--	□	□	□	□	□

	從不如此	很少如此	偶而如此	經常如此	總是如此
	1	2	3	4	5
3.父母親贊成我參加補救教學計畫	□	□	□	□	□
4.我喜歡上補救教學計畫課後輔導	□	□	□	□	□
5.參加補救教學計畫課程可以協助我完成作業	□	□	□	□	□
6.參加補救教學計畫後，我對學習更有興趣，也更有信心	□	□	□	□	□
7.參加補救教學計畫至今，我的國文成績有進步	□	□	□	□	□
8.參加補救教學計畫至今，我的英文成績有進步	□	□	□	□	□
9.參加補救教學計畫至今，我的自然成績有進步	□	□	□	□	□
10.我喜歡補救教學計畫授課老師的教學方式	□	□	□	□	□
11.我可以接受補救教學計畫授課老師的教學內容	□	□	□	□	□
12.我覺得補救教學計畫的老師很關心我，也會給我一些鼓勵	□	□	□	□	□
13.我喜歡上補救教學計畫老師的課	□	□	□	□	□

14.參加補救教學計畫後，你認為最大的收穫是什麼？(可以複選)

□1.克服學科學習困難　　□2.學科學習進步　　　　□3.提高自己學習的信心

□4 提高學習動機與興趣 □5.養成良好的學習態度和習慣 □6.培養良好的師生關係

□7.沒有收穫　　　　□8.其他〈請敘述理由〉：＿＿＿＿＿＿＿＿＿＿＿＿＿＿＿＿＿＿

※問卷到此全部結束，非常感謝你耐心的填完問卷※

附錄四 教師專業素養、補救教學理念與補救教學成效(正式問卷)

蔡金田、蔡政忠編製

親愛的教育先進：您好！

　　本問卷主要在瞭解教育部實施國民中小學補救教學方案後，原住民重點國民中學教師專業素養與補救教學成效之關係，以作為教育相關單位未來施政與研究時之參考。本問卷沒有特定答案，請根據學校實際的情況與個人實際感受填答。研究內容僅作整體分析，不作個別探討，也不會對外公開，敬請安心作答。

　　感謝您撥空填答，在此僅對您的協助與支持，致上最誠摯的謝意。

　　敬祝　教安

國立暨南國際大學教育行政學系

第一部分：基本資料

說明：請依您的個人基本資料在正確的□內打「v」。

1、原住民籍教師：□（1）是　□（2）否

2、性　別：□（1）男　□（2）女

3、服務年資：□（1）3年以內　□（2）4--10年　□（3）11--20年
　　□（4）20年以上

4、最高學歷：□（1）博士　□（2）碩士（含四十學分班）　□（3）大學
　　□（4）專科　□（5）其他

5、擔任職務：□（1）主任　□（2）組長　□（3）導師　□（4）專任教師

6、是否完成補救教學八小時訓練課程：□（1）是　□（2）否

7、修習多元文化學分或參加多元文化18小時研習課程：□（1）是　□（2）否

8、學校所在地：□（1）原住民區　□（2）非原住民區

9、學校規模：□（1）6班以下(含6班)　□（2）7-12班　□（3）13班以上

第二部分：教師專業素養量表

教師專業素養乃指教師從事教學專業工作時，為了達成教育目標符合社會對教師角色期望，其所展現出來之教育專業知識、專業能力、專業態度、人格特質與多元文化素養等 。本研究之教師專業素養乃指教師專業素養量表上「專業知識」、「專業能力」、「專業態度」「人格特質」與「多元文化素養」等五個分量表及總量表上得分之高低。

　　請您在看完每個題目描述後，依照您個人的觀點在適當的□內打「∨」，以代表您個人對該題的認同程度，以及教學現場的實際行動概況，感謝您！

	非常不認同	不認同	普通	認同	非常認同
	1	2	3	4	5
1.我教學時能有效連結學生新舊相關知識，並結合學生生活經驗					
2.我了解國中階段學生的各種身心問題與發展狀況					
3.我會關心最近社會上有關教育議題、活動					
4.我具有多元文化之教育理念					
5.我會依學習主題設計學習單或補充教材以補課本之不足					
6.我願意擔任公開課並與其他老師討論精進教學技巧					
7.我在課堂上會善用發問技巧引發學生討論					
8.我會訂立明確的班規妥善處理班級問題					
9.我會依照自己的專長和風格建立自己班級特色					
10.我會隨時提供學校相關訊息供家長知道					
11.我會運用閒暇時間自我閱讀找尋資料與方法解決教學問題					
12.即使沒有獎勵措施，我也常保持學習的心，不斷地進修成長					
13.我會要求自己的言行舉止符合教師的規範和期望					

14.從事教育是一件相當充實而有意義的工作				
15.教師是專業人員應受到社會大眾的尊敬				
16.教師對學生的期望會影響學生學習成就				
17.我會經常反省自己的專業決定				
18.我是個具有創造力的老師				
19.我是個幽默風趣的人				
20.我是樂觀進取自我成長之教師				
21.我待人誠懇有親和力				
22.我關懷社會樂於助人				
23.我是個宅心仁厚富正義感之教師				
24.我做事積極有條有理				
25.我是個與眾不同的教師				
26.我在評量學生時會考慮學生的文化背景因素				
27.我在佈置學習環境時會考慮到學生族群文化特色				
28.在教學前我會省思我對其他族群的刻板印象與意識形態				
29.我會帶領學生讓他們體驗不同的族群文化				

第三部分：補救教學理念量表

補救教學理念乃指教師在既有的知識理念架構下對學校補救教學實施現況的知覺感受。本研究所指「補救教學理念」乃指教師在執行補救教學方案中，其知覺「學校情境」、「行政支援」、「課程與教學」之得分高低。

　　請您在看完每個問句描述後，依照您個人的觀點或學校現場狀況，在適當的□內打「ˇ」，以代表您個人對該題的認同程度，以及教學現場的實際行動概況，感謝您！

	非常不認同	不認同	普通	認同	非常認同
	1	2	3	4	5
1.我認為補救教學是教師應盡的義務-					
2.我了解補救教學的精神與重要性					
3.我願意擔任補救教學教師					
4.我能夠勝任補教教學工作					
5.我能掌握授課單元核心概念，清楚教導概念及技能					
6.學校能引進社會資源辦理弱勢學生學習扶助					
7.學校有成立補救教學規劃小組定時討論補救教學相關問題					
8.學校能依據學生的起始能力進行適性的編班					
9.學校會辦理相關研習提升教師補救教學知能					
10.學校會提供教師相關補救教學資源與策略					
11.我在進行補救教學前會對受輔學生施予學習問題診斷					
12.我能針對補救教學學生之個別差異，運用不同的教學策略					
13.我會考量學習內容及學生能力，決定教學目標					
14.我會視學生個別學習情形，予以因材施教					
15.我能與受輔學生之任課老師討論有關學生之學習狀況與表現					
16.我會以多元的評量方式檢視學生的學習成就					

第四部份：補救教學成效量表

補救教學成效乃指經實施補救教學後，補救教學教師知覺學生的學業成就提升、學生的學習態度改變或教師間的互動以及教師對補救教學成效的滿意度。

　　請您在看完每個問句描述後，依照您個人的觀點或學校現場狀況，在適當的□內打「∨」，以代表您個人對該題的認同程度，以及教學現場的實際行動概況，感謝您！

	非常不認同 1	不認同 2	普通 3	認同 4	非常認同 5
1.對於學校目前實施補救教學情況我感到滿意					
2.對於補救教學教師間的互動我感到滿意					
3.實施補救教學後學生的學習成效我感到滿意					
4.參加補救教學後學生能強化正向學習態度					
5.參加補救教學後學生能改善日常生活常規					

第五部份：開放性問卷

　　為廣泛蒐集您對教師專業素養及補救教學之意見，請您依照個人見解回答以下兩個問題，感謝您的配合。

1. 原住民區教師業素養(1)專業知識、(2)專業能力、(3)專業態度、(4)人格特質、(5) 多元文化素養，其重要性的排序為何?(如 5,3,4,1,2，等請依個人認為的重要性排序)除了這些以外還有哪些您認為是重要的素養?

_____

_____

_____

2.我認為目前補救教學所遭遇的困難除上述問卷描述外還有哪些?

_____

_____

_____

_____

※問卷到此全部結束,非常感謝您耐心的填完問卷※

附錄五　補救教學困難教師反應意見

教師意見內容	教師意見內容
有關補救教學行政部分：	其他部分：
● 行政工作太過繁瑣	● 是否能將平常課先落實
● 學生出席率不佳	● 配套措施不夠
● 教育政策限制和規定太多	● 無法達成補救教學成效之原因乃在
● 補救教學學生人數太多	固定那些學生參加、獎賞誘因不足及
● 小校小班不易分組教學	家庭功能不彰
● 教師兼任導師或行政事務繁多，平日	● 需要補救教學之個案多，而國英數教
備課時間已不足，更無暇多花時間在	師有限，所以補救教學師資比例中，
準備補救教學課程。	非國英數的老師佔很大，非專科師資
● 學生人數少，參加各校隊人數比例偏	投入，便有專業知識、備課時間的門
高，常因團隊練習而影響補救教學實	檻障礙
施	● 知道問題根本，卻又無能為力解決，
有關補救教學師資部分：	只能完成假象的補救教學，得到所需
● 教師負擔太重	的統計數據。
● 教師課務繁重備感吃力	● 升學管道龐雜導致提升學力無法如
● 人力不足無法因應個別差異	以前聯考制度與學力直接因果關
● 教師經常公假公出影響課程	係，導致後半段學生成就動機低落
● 人力不足	● 學生白天作業(數學科)過，導致課堂
● 師資缺乏	上會擔心，明日繳交作業的撰寫進度
● 校內師資不足	● 補救教學即使成績進步難以斷言是
● 偏鄉招募師資不易	補救教學之成效，也許是因為他媽媽
● 教師與學生彼此都有疲憊感	回家了心情變好了
有關補救教學學生部分：	● 國小國中課程銜接教師難以掌握
● 即使只有 10 名學生，程度差異仍很	● 學生回家交通不便，學生在補救教學

大
- 補救教學學生間程度落差很大 2，很難進行細緻的補救教學
- 學生有習得無助感，即使進入補救教學，仍然是否定自己有進步的空間
- 學生程度落差太大，請督促國小勿過分快樂學習(安樂死)
- 學生呈現半放棄狀態
- 參加比賽、訓練影響補救教學
- 原先班級學生人數少，難以落實能力分組或差異化教學
- 學生學習動機較為低落
- 學生回饋較少
- 學生個人願意不強
- 學生學習意願不高，不在乎是否學習或是學會了沒有
- 學生參與度不佳，學習效果不好
- 學生自我要求低
- 學生對成績表現出無所謂的態度
- 部分學生學習意願不高，容易影響課程與班級氣氛
- 學生吸收能力差
- 學生學習動機不足無法強迫參加
- 學生學習態度不佳，積極度差
- 缺少競爭環境的刺激，容易安於現狀
- 學生出席狀況不佳
- 學生學習習慣差，回家後幾乎不念書，也不寫作業

的教師努力下，學習成長大幅提升，但也因此有部分同學無法編入補救教學班級(35%限制)，造成家長困擾。建議：若家長有意願讓學生參加，學校應讓學生可以繼續參加補救教學。
- 學生偏好體能、藝能活動，對學科不感興趣者多，甚至直接自我放棄
- 第八節課常用於上課進度課程，無法補救教學
- 現行課程內容對原住民學童並不友善
- 補救教學對原住民學校學生而言就是一個族群偏見的措施，課程綱要並未將原住民的文化精神納入其中，所編用的教材與他們的生活未融入，非他們所迫卻需要的
- 補救教學採樣的成績過於久遠，國二學生補救教學名單，依然採用小學的分組名單，程度變化太大，應該採用前一年的成績即可。
- 補救教學平台的評量結果並不可靠
- 校長補救教學知能不足，對於補救教學政策不了解，開課時間、學生人數皆未能掌握、干擾行政妨礙教學。
- 行政誤將「補救教學施測對象」與「補救教學目標學生」混為一談，對全校學生進行補救。

- 學生學習續航力不足
- 學生自發學習意願低
- 學生經補救教學後，回家雖能復習寫作業，到校程度一樣重頭開始
- 學生無學習習慣，補救教學成效有限

有關補救教學課程部分：

- 統一進度下無法針對個別差異化教學
- 其他科目也需補救
- 學生挫折已不限於國英數三科

有關補救教學教材部分：

- 教材少不符現場需要、城鄉差距大
- 教材資源少
- 教材一定要來自補救教學網站，有時網站內容無法配合自己講授的進度課程
- 偏鄉地區補救教學教材不足
- 補救教學教材對該年級部分學生來說還是太難，例如八年級學生只有七年級程度無法使用八年級教材上課

有關補救教學時間不分：

- 可運用的時間不足
- 補救教學時間安排在四點以後教師不願意擔任
- 原有進度仍有學習，補救教學效果有限
- 補救教學實施時間不佳
- 時間不夠

- 補救教學學科及上課時間不定，更常因公出差，導致學生受教權嚴重受影響。

有關補救教學建議部分：

- 教育時間感覺無限拉長中、外部資源又有安全疑慮。
- 鬆綁教育時間如有半天的空白課程等
- 補救教學無法落實多元理念，畢竟通過的標準判斷並不多元
- 補救教學應在國小中年級前、到國小高年級後實施，許多學生都屬於半放棄狀態
- 實際目標不明確
- 補救教學教師回訓太少
- 補救教學教得好的老師應多分享
- 訂定偏鄉教育法，降低班級人數、降低師生比，才能提升教學品質，使補救教學的〝需求〞消失
- 補救教學要提升學生自學能力
- 補救教學師資群用心程度落差大，有點流於形式無法針對學生給予個別化補救，希望制度上能給予更大彈性(如能力分組教學)
- 補救教學實施時間大部分排在第八節或課後，倘教師能在第一時間就及時給予學生補救或許效能會更佳。
- 從小確實紮根做起

- 僅有 45 分鐘，難以針對所有學生給予個別輔助
- 補救教學時數太少，強度不足，每周 1-2 節徒具形式
- 補救教學的起始點太晚，從國中開始補救成效有限，且每位學生的落後程度不一
- 三年太短補不了六年的落差，但會考不等人，難能有立即改善
- 每周各科只上一節時間不夠成效有限，學生對於上周上課的內容早已印象相當模糊。
- 補救教學排在第八節課上，學生早已意興闌珊
- 第八節上課時學生非常疲倦，常以應付的心態上課

有關學生家庭部分：

- 最大的困難是學生回家後沒有人可以督促其課業，大多數學生回家後都是無人陪
- 家長對學生的關心程度不足
- 家庭生活及管教功能不彰，多數學生回家後不寫功課不念書，造成學習空轉。
- 學生在校學習尚屬 ok，但回家後不複習，回到學校以後又再度歸零，為師須一再講解、說明、不斷重複，最後覺得教學是一件很累人的事。

- 補教教學教材、教育仍有程度上的差異，仍須加以個別細緻化
- 領導者對政策執行的認同程度，及對學生的期望值，是否擺脫升學主義的思維。人從不會在自己不感興趣的領域中成績斐然，補救不如揚才。
- 補救教學之實施時間大部分安排在第八節或課後，倘教師能在第一時間就能及時給予補救，或許效能更佳。
- 要有評估誰需要補救教學的機制
- 本校因執行成功專案，已無補救教學專班，改為課堂上實施補救教學
- 教育部禁止校長授課支領補救教學鐘點費，對師資排課困難、正式教師不足、代理代課教師偏高之學校，反而是一項綑綁，而且校長親臨授課，更能掌握問題焦點，謀求因應事宜
- 學生之基本能力於小學階段之學習如何落實及檢核才是避免於後端需做無謂及費力之補救教學。
- 補救教學課程應外加在正規教學之外的時間，而非於正規上課時間內抽離
- 補救教學可在正常上課時間內(第 1—7 節)進行，減少學生因為增加上課時間，而沒有意願學習，
- 師資不足解決之道，除國英數外也應開設其他科目如社會、自然等其他領

● 家長配合度不佳	域
● 需要有家長的期望及以身作則	● 需要補救教學之學生情況大致有兩種，一是學生資質本來就差，這種情形再補功效不大，何不加強他們的其他專長。另一種是資質不差，毫無學習意願，俗話說「你只能把馬兒牽到河邊，你無法強迫牠喝水」，所以補救教學不必擴大他的必要性，畢竟社會上各行各業都有存在的必要
● 家庭因素影響學生學習意願	
● 家長對學生沒有期許	
● 需要家長的關注與督促	
● 家長支持協助不足	
● 家庭功能不彰	
● 成績低落通常伴隨者其他家庭、學習問題	

國家圖書館出版品預行編目(CIP) 資料

臺灣原住民重點國民中學補救教學理念與實證分析 /
 蔡金田, 蔡政宗著. -- 初版. -- 臺北市：元華文創,
2019.04
　面；　　公分

　ISBN 978-957-711-064-0 (平裝)

　1.原住民教育　2.學校教育　3.補救教學

529.47　　　　　　　　　　　　　　108002981

臺灣原住民重點國民中學補救教學理念與實證分析

蔡金田　蔡政忠　著

發 行 人：賴洋助
出 版 者：元華文創股份有限公司
公司地址：新竹縣竹北市台元一街 8 號 5 樓之 7
聯絡地址：100 臺北市中正區重慶南路二段 51 號 5 樓
電　　話：(02) 2351-1607
傳　　真：(02) 2351-1549
網　　址：www.eculture.com.tw
E - m a i l：service@eculture.com.tw
出版年月：2019 年 04 月 初版
定　　價：新臺幣 390 元

ISBN：978-957-711-064-0 (平裝)

總 經 銷：易可數位行銷股份有限公司
地　　址：231 新北市新店區寶橋路 235 巷 6 弄 3 號 5 樓
電　　話：(02) 8911-0825　　傳　　真：(02) 8911-0801